Angelika Frikell
Die Himmelsscheibe von Nebra

Angelika Frikell

Die Himmelsscheibe von Nebra

Rediroma-Verlag

Bibliografische Information der Deutschen Nationalbibliothek:
Die Deutsche Nationalbibliothek verzeichnet diese Publikation in der Deutschen Nationalbibliografie; detaillierte bibliografische Daten sind im Internet über http://dnb.ddb.de abrufbar.

ISBN 978-3-86870-847-9

Umschlagillustration: Damaris Walter
Innenillustrationen: Christina Leonhart

www.rediroma-verlag.de
9,95 Euro (D)

Inhaltsverzeichnis

Das Geheimnis der Himmelsscheibe von Nebra

Eigentlich ist es gar kein Geheimnis – die Geschichte um die Himmelsscheibe von Nebra.

Es ist uraltes Wissen – welches wir nur vergessen haben.

Und diese Geschichte soll jeden, der sie liest oder hört, wieder daran erinnern.

Vor langer langer Zeit – wirklich langer Zeit – da waren die Sonne und der Mond ein Paar. Ein himmlisches Paar sozusagen.

Sie standen am Firmament und strahlten. Jeden Tag aufs Neue zeigten sie sich am Himmel. Es war eine Pracht. Das tat allen gut.

Sie gehörten zusammen, das war buchstäblich »sonnenklar«. Und sie liebten sich.

So hatte es jemand vorgesehen. Vielleicht der liebe Gott?

Wie auch immer. Sie gehörten einander und genossen es sehr. Und sie liebten sich von ganzem Herzen, wie wir hier auf der Erde so sagen. Es gab nie Streit oder Unbill. Sie waren füreinander geschaffen.

Und so eine Liebe hat naturgemäß auch Folgen. Sie bekamen also viele Kinder!

Jedes Kind war ein Stern. – Ja, so war das.

Schaut euch nur den Himmel an. Da habt ihr den Beweis. Jede Galaxie, jeder Spiralnebel, alles ist der lebendige Beweis ihrer Liebe.

Und nun könnt ihr euch auch vorstellen, WIE lange schon die beiden sich innig liebten.

Könnt ihr euch wieder erinnern? Nein? Dann muss ich wohl noch weitererzählen.

Also, sie standen beide am Himmel – zur gleichen Zeit. Nicht wie heute, wo die Sonne aufgeht und der Mond untergehen muss – und umgekehrt.

Es war eine herrliche und harmonische Zeit.

Und ihre Kinder, ihre vielen vielen Kinder waren alle wohl geraten. Jedes naturgemäß etwas anders. Aber das ist ja richtig und das kennen wir von unseren Kindern auf der Erde auch.

Auf manchen Planeten leben Wesen, die nicht so stofflich sind wie wir. Bei anderen Sternen leben die Energien innen drin – im Inneren der Sterne. Ulkig, was? Aber so ist das halt.

Kribbelt es schon ein bisschen im Bauch? Fangt ihr an, euch zu erinnern?

Gut, wie auch immer, ich erzähle mal weiter.

Unsere große Himmelsfamilie lebte also wie unsere Familien auch. Da gibt es Onkel und Tanten, die einander nicht so wohl gesonnen sind. Aber auch herzliche Brüder und Schwestern, eben wie hier halt auch.

Und manche Kinder sind ruhig und besonnen, manche dagegen stürmisch und wild. Tja und über die wilderen Kinder gibt es etwas zu erzählen. Darum geht es heute.

Es gab da eine Gruppe von Kindern, genau genommen waren es 29, die wollten sich nicht so recht an die Gesetzmäßigkeiten des Himmels gewöhnen. Merkt euch die Zahl 29 – denn das spielt bei dieser Erzählung noch eine große Rolle.

Sie, diese 29, hatten schon immer einen besonderen Wunsch. Sie wollten die Erde besuchen. Dieser blaue Planet hatte es ihnen sehr angetan. Immer wieder schauten sie sich die Erde aus der Ferne an. Sie schillerte als Einzige so herrlich blau und zeichnete sich so gegen das dunkle Universum ab. Irgendetwas faszinierte die Kinder sehr. Vielleicht hat die Erde ja eine besondere Ausstrahlung? Wer weiß das schon so genau?

Aber sie konnten gegen diese Faszination nichts machen. Sie stellten sich das Leben auf der Erde vor – und wollten unbedingt dorthin.

Aber das hatten ihnen ihre Eltern – die Sonne und der Mond – strengstens verboten. Das sei einfach zu gefährlich, hatten sie gesagt – und Schluss Punkt – es gab keine weiteren Alternativen.

Alle Planeten, Sterne, Sternhaufen, Spiralen in den Hunderttausenden von Jahren hatten sich, obwohl manchmal auch widerwillig, daran gehalten. So wurde es ihnen zumindest erzählt.

Aber sie waren sich sicher, dass es in den Jahrmillionen Versuche in dieser Richtung gegeben haben musste. Hinter vorgehaltener Hand gab es so manche Gerüchte.

Aber diese Rasselbande von Geschwistern wollte es wissen; erkunden, wie es auf der Erde ist. Der Erde, die natürlich damals noch anders war als heute. Es ist ja auch schon sehr lange her ...

Einiges hatten sie bereits in Erfahrung bringen können. So wussten sie zum Beispiel, dass es ziemlich leicht ist, AUF die Erde zu kommen. Sie brauchten sich nur zusammen zu stellen, am besten im August zur Sternschnuppenzeit, und sich fest aneinander festzuhalten und dann fallen lassen. Sie würden dann, wie eben die Sternschnuppen auch, vom Himmel fallen.

So viel zum AUF die Erde Kommen. Und eine Rückkehr? Hat je einer aus der Familie ein Abenteuer dieses Ausmaßes gewagt? Von einer geglückten Rückkehr hatten sie nie gehört.

Es gab zwar einige Gerüchte, dass es möglich wäre, über das sogenannte Nordlicht oder über einen Regenbogen den Rückweg in das All zu nehmen, aber sicher waren sie sich da nicht. Zu unterschiedliche Geschichten hatten sie darüber flüstern gehört. Aber sie waren allesamt so neugierig auf die Erde, dass sie sich darüber erst Gedanken machen wollten, wenn sie angekommen waren.

Sie waren halt noch jung – erst einige hunderttausend Jahre alt – und auch sehr leichtfertig. Sprich, sie hatten keinen Plan, aber sie waren guter Dinge, dass sie es schon irgendwie schaffen würden. So ist das halt auch im Himmel, die jungen Leute denken im Eifer manchmal nicht zu Ende und schon gar nicht an etwaige Konsequenzen.

Und so geschah es dann.

Die Geschwister verabredeten sich, als ihre Eltern einmal wieder sehr beschäftigt waren und sich herzlich umarmten und liebkosten.

In diesem Moment stürmten sie, die auf solch eine Gelegenheit schon lange gewartet hatten, auf ein gemeinsames Zeichen hin vom Himmel in Richtung Terra – unserer Erde.

Sie hatten wirklich einen guten Zeitpunkt abgepasst, denn es würde wirklich etliche Zeit dauern, bevor ihre Eltern sie vermissten.

Und so, wie sie es gedacht hatten, geschah es auch. Alle 29 Sternenkinder, am Anfang noch dicht aneinander gedrängt, fielen vom Himmel in Richtung Erde.

Wie Sternschnuppen kamen sie herunter, wurden zuerst ein bisschen durch den Widerstand auseinandergerissen, aber kamen dann doch ziemlich beieinander unbeschadet auf der Erde an.

Tja, da waren sie nun, die Geschwister.

Der ersten Euphorie des gelungenen Planes folgte sogleich die Ernüchterung. Daran hatten sie nicht gedacht.

Sie brachten zwar noch eine Menge Leuchtkraft mit, aber sie hatten die Erdanziehungskraft nicht bedacht.

So leicht, wie sie sich am Himmel bewegt hatten, war dies hier nun nicht mehr. Oh, da war der Schmerz groß.

Mühselig war das Vorwärtskommen. Sie hatten zwar überlegt, eine ähnliche Form wie die des Menschen anzunehmen, aber das Gehen viel ihnen sehr schwer.

Sie hatten gedacht, sie könnten auf der Erde hier- und dort hin schwirren. Sie könnten fliegen und die ganze Welt erkunden. Sie hatten sich doch vorgenommen, durch die Täler zu fliegen und über die Wiesen zu gleiten. Die Menschen und Tiere vielleicht ein bisschen zu erschrecken, aber nicht zu viel. Nur ein bisschen. Ja, so hatten sie sich das vorgestellt.

Und nun war alles ganz anders, anders, als sie es sich vorgenommen hatten. Welch eine Ernüchterung!

Doch auch dieses Handicap sollte sich noch als Vorteil erweisen. Dadurch, dass ihnen hier auf der Erde alles so schwer fiel, blieben sie wenigstens beieinander.

Ja, so war das damals.

Jetzt waren sie hier. Sie schauten zum Himmel und sahen dort ihre Eltern und ihre vielen Geschwister. Aber alles war winzig klein. Was für ein anderer Anblick. Ihnen wurde sehr schnell klar, welchen fatalen Fehler sie begangen hatten. Und sie waren sich sofort einig, sie wollten wieder zurück nach Hause. Sofort, ohne weitere Erkundungen auf diesem Planeten.

Sie riefen nach oben, zu ihren Eltern, Geschwistern, Onkeln und Tanten, doch keiner konnte sie hören. Sie versuchten auf alle möglichen Arten und Weisen, auf sich aufmerksam zu machen, doch nichts nützte.

Da merkten sie erst richtig, in welche Gefahr sie sich begeben hatten. Sie gaben einander die Hände, um ihr Leuchten zu verstärken, doch auch dies nützte wenig – ihre Verwandten im All konnten sie nicht sehen.

Nun erinnerten sie sich wieder an die Warnungen der Eltern und was ihnen über die Schwerkraft gesagt worden war, zu spät. Was für ein Elend.

So hockten sie zusammen, mitten in dem kleinen Krater, den sie durch den Fall verursacht hatten.

Sie kuschelten sich zusammen und bekamen es ziemlich mit der Angst zu tun.

Und je ängstlicher sie wurden, umso mehr büßten sie ihre Helligkeit ein. Das ging ziemlich schnell – da waren sie selbst überrascht. Sie hatten zwar in den Gute-Nacht-Geschichten ihrer Eltern gehört, dass es so etwas geben könnte, aber sie hatten es immer nur für Märchen gehalten, damit sie schön brav waren. Nie hätten sie es für möglich gehalten, dass dies gar stimmen könnte.

So zusammengedrängt beratschlagten sie nun, was ihnen noch als Möglichkeit blieb, zurück in den Himmel zu kommen.

Sie seufzten und weinten manchmal ein bisschen, wie das auch unsere Kinder tun. Sie hatten Ideen, aber die mussten sie wieder verwerfen. Kein richtig guter Gedanke wollte ihnen einfallen. Und sie waren jetzt voller Reue.

Was hätten sie nicht alles gegeben, wieder zu Hause zu sein. Auch alle angedrohten Strafen der Eltern hatten ihren Schrecken verloren. Wenn sie nur endlich wieder zu Hause sein dürften. Sie würden alle Folgen klaglos annehmen. Da waren sie sich sicher.

Was sie aber nicht wussten, war dies:

Sie waren in einer Gegend gelandet, welche später »Anhalt« genannt werden würde. Das hättet ihr nicht gedacht, was?

Und Warum? Tja, da kommen wir wieder zu unserem Alten Wissen.

In dieser ziemlich dünn besiedelten Gegend gab es ein Dorf. Und wie in jedem Dorf damals gab es einen heiligen Mann – oder eine heilige Frau. Über Generationen hinweg wurden das alte Wissen und Sagen an die nächste Generation mündlich weitergegeben. Auch hier.

Nur gab es in diesem Ort nicht nur die »nützlichen« Sachen, wie Medizin und heilige Worte. Nein, hier gab es etwas Besonderes.

Von jeher kursierte hier das Wissen über die »gefallenen Sterne«. Keiner konnte sich bisher einen Reim drauf machen, aber diese heilige Geschichte wurde immer weiter getragen. Von Generation zu Generation.

Es wurde sehr auf die einzelnen Worte geachtet, auch durfte nichts weggelassen oder dazugedichtet werden. Nein, diese Geschichte – die es nur in diesem Ort gab – wurde ganz genau und getreu von Vater zu Sohn, von Mutter zu Tochter weitergegeben.

Die heiligen Männer und Frauen wussten, wie wichtig dies war. Bei dieser Geschichte kam es wirklich auf jedes Wort an und sie waren sich dieser Verantwortung bewusst.

Immerhin hieß es darin, dass sie den sogenannten Sternenkindern helfen mussten, genauer gesagt, helfen durften. Und da kam es wirklich auf Genauigkeit an.

Wann genau dies alles geschehen würde, darüber gab es keine Erkenntnisse und auch kein genaues Datum. Aber mit Sicherheit wussten sie, DASS es einmal geschehen würde.

Und nun schien die Zeit wohl gekommen zu sein.

Ihr Absturz war nämlich nicht unbemerkt geblieben. Claudia, die Tochter des jetzigen heiligen Mannes, hatte die vermeintlichen Sternschnuppen gesehen. Auch hatte sie bemerkt, dass der Auftreffpunkt gar nicht so weit weg sein konnte.

Aufgeregt war sie zum Vater gelaufen, der ihr zuerst nicht glauben wollte, als sie ihm von dem Gesehenen erzählte. Aber dann erinnerte er sich an alte Schilderungen, vertraute seiner Tochter und machte sich, zusammen mit ihr, auf den Weg zur Absturzstelle.

Durch den Wald, über einige Wiesen zu dem Ort, wo die Sternenkinder aufgetroffen sein müssten. Sollten sie hier wirklich auf die Sternenkinder stoßen, die auf ihre Hilfe angewiesen waren?

Sollten sich nun die alten Geschichten hier und jetzt bewahrheiten, als echt erweisen?

Sie waren ziemlich aufgeregt und in Gedanken ging der weise Mann immer wieder den Inhalt der Erzählungen durch.

Denn wenn es wirklich so sein sollte, so wollte er alles richtig machen.

Immerhin gab es seit ewigen Zeiten diese Prophezeiung. Und die besagte, dass man nicht nur den Sternen den Weg nach Hause zeigen könne, sondern dass auch die Sterne etwas Gutes bewirken würden. Was genau, das wusste er allerdings nicht.

Aber vielleicht konnten sie ja Claudia, seiner Tochter, helfen? Die hatte nämlich seit ihrer Geburt eine Krankheit, die niemand heilen konnte. Sein Mädchen, seine geliebte Tochter, wurde über die Jahre immer schwächer. Und kein Arzt oder Schamane hatte bisher diese Krankheit besiegen können.

Aber egal, was passieren würde, er würde den Sternenkindern helfen. Das war klar. Ihm wurde ziemlich mulmig bei diesen Gedanken, ganz weiche Knie bekam er. Sollte wirklich er der Auserwählte sein? ER? Dabei hatte er sich schon darauf vorbereitet, diese alten Erzählungen an die nächste Generation weiterzugeben.

Nochmals ging er die Sätze durch, die er schon so lange immer wieder leise vor sich hin gesagt hatte, um ja nichts zu vergessen. Jedes einzelne Wort der Prophezeiung war wichtig, das wusste er. Und dass es nicht leicht sein würde, das wusste er nun auch. Wie war das nochmal? Er musste die Worte im Gedächtnis wiederholen. Da war doch irgendwas mit Nordlicht dabei gewesen. Ihm wurde innerlich heiß und kalt. Würde er dieser Aufgabe wirklich gerecht werden können?

Doch, ermahnte er sich selbst. Ich habe die Worte und Sätze über die Jahre immer und immer wieder wiederholt. Sie würden ihm jetzt – im richtigen Moment – schon einfallen. Er sprach sich selber Mut zu.

Außerdem strengte er sich an, damit seine Tochter nichts von diesem innerlichen Zögern mitbekam. Sie solle ja nichts davon bemerken. Es reichte schon, dass er ziemlich unruhig war.

Und dann sahen sie den Krater. Vorsichtig näherten sie sich dem Ort. Ihnen war doch ziemlich bange zumute, und wer wollte ihnen dies verdenken?

Verschreckt und verängstigt saßen die 29 Sternenkinder beisammen.

Ihre ganze vorlaute Art hatten sie naturgemäß verloren. Kleinlaut waren sie und hielten sich an den Händen. Sie wussten wirklich nicht, was auf sie zukommen würde. Würden sie dieses Abenteuer gut überstehen? Was würden die Menschenkinder mit ihnen anstellen?

Ihre starke Leuchtkraft hatten sie viel zu schnell und fast ganz verloren.

Das hatte wiederum sein Gutes, denn so konnten die Menschen sie gefahrlos ansehen, ohne dabei verbrannt zu werden. Und ihre Menschengestalt konnten sie dennoch behalten. Sie wussten, das war wichtig, sonst würden die Erdenbewohner zu viel Angst vor ihnen haben.

Schüchtern hockten sie nun dort und warteten, was geschehen würde.

Derweil hatten die Menschen den Krater erreicht und blickten – ebenso zögerlich – über den Rand hinein.

Welch ein Bild bot sich ihnen? Neunundzwanzig Kinder – klein und verloren – blickten sie ängstlich an.

Claudia war die erste, die den Bann brechen konnte. Sie lächelte und zeigte den Kindern vom Himmel ihre Hände bzw. die Handflächen.

Schaut her, so sagte sie damit, wir tun euch nichts – ein universelles Zeichen ist dies.

Dabei dachte sie: »Seid ihr die Sternenkinder, von denen wir immer gehört haben?«

Und dann geschah etwas Seltsames. Seltsam für Außenstehende, aber nicht für die hier zusammenstehenden Seelen.

Es bedurfte keiner Sprache. Es war, als wenn sie sich per Gedanken unterhalten konnten. Wie wunderbar war das denn?

Aber irgendwie wussten alle sofort, dass es richtig war und ganz natürlich.

Später, wenn dies an die nächsten Generationen weitergegeben wurde, würde es vielleicht ein bisschen seltsam klingen. Aber in diesem Moment war es völlig klar und normal. Keiner wunderte sich darüber. Es war einfach so. Punkt.

Der Vater und Claudia halfen den Kindern aus dem Krater heraus. So kleine zarte Wesen waren das. Sie sahen ganz zerbrechlich aus.

Und innerhalb kürzester Zeit hatten sie alle Vertrauen zueinander gefasst. So saßen alle im Gras im Kreis.

Die Sternenkinder erzählten von ihrem Himmel und die Erdenmenschen von ihrem Leben hier auf der Erde.

Es war, als würden sie sich schon lange kennen. Kein Zögern, kein Zaudern, nur inniges Gefühl und Vertrauen war da.

So stellten sich die Sternenkinder einzeln vor und sie ließen Nebra, eines der ältesten Sternenkinder, ihre Geschichte und ihr Abenteuer erzählen.

Sie erzählten und erzählten, bis alle doch merkten, wie müde sie eigentlich waren.

Alle hatten im Kreis gesessen und nun wählten sie eine besondere Art, sich hinzulegen. Sie blieben im Kreis, jeder neben jedem.

Wie ein Blütenkranz sah dies von oben gesehen aus. Die Füße berührten sich und so blieben sie, selbst im Schlaf, in Kontakt miteinander.

Claudia, die Tochter des weisen Mannes, fühlte sich so wohl wie seit Jahren nicht mehr. Diese Schwäche, ihre bisherige körperliche Schwäche, empfand sie gar nicht mehr. Ganz im Gegenteil: Sie erlebte ein Prickeln im ganzen Körper. Wie kleine Ameisen fühlte sich dies an. Aber angenehm, wie sie fand. Es war nicht unangenehm oder gar schmerzhaft. Nein, eher lustig. Sie hatte das Gefühl, als würde ihr ganzes Blut im Körper blubbern und gereinigt werden.

Sie vermochte nicht zu sagen, was hier geschah, aber sie hatte eine Zuversicht, dass alles richtig war, was hier passierte. Warum, das hätte sie nicht beantworten können.

Und auch die Sternenkinder waren nicht mehr aufgeregt. Obwohl sie noch nicht wussten, wie das alles enden würde, waren sie doch inzwischen ruhig geworden. Diesem heiligen Mann vertrauten sie einfach. Es würde schon alles gut gehen, dachten sie.

Sie blickten hoch an den Himmel und sahen dort ihre vielen Verwandten. Es war ruhig am Himmel, also war ihre Flucht bisher immer noch nicht bemerkt worden.

Müde waren sie und auch sie schlossen jetzt die Augen, leuchteten noch einmal in den verschiedensten Farben und alle schliefen dann ein.

Was für ein schönes Bild gaben sie ab.

Am nächsten Morgen wachten sie nach und nach auf. Die Sonne trocknete den Tau auf den Wiesen und alle rekelten und streckten sich.

Der weise Mann hatte bereits den Beutel mit Brot aufgemacht und den Inhalt gerecht geteilt.

Nun würde es also so weit sein. Es war tatsächlich an ihm, den Sternenkindern zu helfen. Dies war ihm gestern Nacht völlig klar geworden.

Was für eine Aufgabe.

Und bereits sehr in der Früh war er die alten Erzählungen nochmals genau Wort für Wort durchgegangen.

Keine leichte Aufgabe, die ihnen allen bevorstand. Aber machbar. Das wusste er inzwischen auch.

Er sah seine Tochter aufmerksam an. Irgendetwas hatte sich an ihr verändert. Was genau, das konnte er nicht sagen, aber etwas musste geschehen sein. Die Augen von Claudia waren – ja irgendwie – wacher?! Und die Ausstrahlung hatte sich auch verändert. Sie sah nicht mehr so schwach aus.

»Wie geht es dir,« fragte er gleich darauf. Und sie bestätigte ihm, dass es ihr gut ging. Blendend geradezu. So gut, wie sie sich schon lange nicht mehr gefühlt hatte, bestätigte sie.

Und auch die Sternenkinder betrachteten sie jetzt genau.

Auch diese bestätigten ihr, dass sie gesünder – kraftvoller – aussehen würde.

Und in der Tat sagte dann auch der »Sternensprecher«, dass ihre einzigartige Leuchtkraft sich positiv auf den menschlichen Körper auswirken würde. Das jedenfalls hätten sie in der Sternenschule mal gelernt. Und dann müsste es ja stimmen.

Dem heiligen Mann wurde warm im ganzen Körper. So war das also mit der Prophezeiung?

Er würde den Sternenkindern helfen können und diese hatten bereits seine Tochter gesund gemacht?

Wie herrlich. Er konnte es kaum glauben, und doch war es so. Vor Rührung und Ergriffenheit kamen ihm die Tränen. Doch er durfte sich damit nicht aufhalten. War es doch jetzt an ihm, den alten Weissagungen zu folgen und darauf musste er sich konzentrieren.

Wieder saßen alle im Gras und bildeten einen Kreis.

Und erneut lief die Unterhaltung ausschließlich über die Gedankenkraft. Es war ganz natürlich. Nichts Besonderes – erst später würde er sich wundern, wie einfach und selbstverständlich dies gewesen war.

Also, meinte er, ihr müsst gleich wieder zurück in den Himmel, nicht wahr? Das ist besser für euch, sonst verliert ihr eure Leuchtkraft ganz und könnt nicht mehr die Kraft aufbringen, euch zurück in den Himmel zu schwingen.

Hört zu, was ich zu sagen habe, wie die Prophezeiung im genauen Wortlaut ist, meinte er und fing an, zu berichten.

Völlig ruhig und wie in sich gekehrt, gab er den Jahrhunderte alten Text wider. Alles war still und alle lauschten gebannt.

Das also war die Antwort? Dies war der Weg? Und vor allen Dingen war dies die einzige Chance, die ihnen blieb?!

Nun erst waren sie sich der ganzen Tragödie bewusst, die sie mit ihrem leichtfertigen Abenteuer ausgelöst hatten. Welche Konsequenzen dies nun ergab ...

Das hatten sie nie gewollt. Aber sie mussten einsehen, nun war es geschehen.

Und damit gab der heilige Mann die Anweisungen vor, die nun auf das Genaueste befolgt werden mussten.

Es gab nur einen Versuch, und der musste gelingen, sonst wäre alles umsonst und die Sternenkinder müssten bleiben – und sterben.

Und so unangenehm es auch war, als erstes mussten Sonne und Mond – ihre Eltern – benachrichtigt werden.

Die hatten zwar zwischenzeitlich bemerkt, dass einige ihrer Kinder ausgerissen waren. Aber dass ihre Kinder auf die Erde ausgebüchst waren, hatten sie noch nicht herausbekommen. Doch das sollte sich bald ändern.

Nun zeigte sich, dass alles miteinander so geschehen *musste*, wie es passiert war.

Dadurch, dass Claudia geheilt worden war, gab es in der Runde nun eine besondere Energie, eine Energie, die zuvor gar nicht hätte existieren können. Und ohne diese wäre auch die Rückkehr der Sternenkinder unmöglich geworden.

Der heilige Mann gab die Anleitung, dass alle sich wieder eng in die Kreisform hinzusetzen hatten.

Alle hielten sich an den Händen.

Er schloss die Augen und bereitete die Zeremonie vor.

Leicht bewegte er den Oberkörper hin und her und wiegte sich in einem eigenartigen Rhythmus. Melodisch gab er Lieder wieder, die eigenartig klangen, aber trotzdem angenehm zu empfinden waren. Und dies fühlte ein jeder in diesem Kreis. Es war, als würde jede einzelne Zelle sich bewegen und schwingen. Eigenartig und trotzdem völlig im Einklang mit der Natur und den Himmelskörpern.

Die Leuchtkraft der Sternenkinder hatte inzwischen wieder zugenommen und selbst Claudia und der heilige Mann hatten diese Kraft. Zuerst ein Flackern, doch dann begann das Strahlen immer intensiver zu werden.

Ein Strahlenkranz entstand und breitete sich immer mehr aus.

Das wurde innerhalb von kürzester Zeit derart intensiv, dass es sogar vom Himmel aus zu sehen war.

Da wurden auch die Eltern der Sternenkinder darauf aufmerksam. Das versetzte Sonne und Mond in helle Aufregung. Konnte es wirklich sein? Ihre Kinder? Auf dem Planeten Erde?

Wo sie es ihnen doch verboten hatten? Ja, wussten sie denn nicht, dass es fast unmöglich war, wieder in den Himmel zurückzukommen?

Na ja, nicht ganz unmöglich, aber so unglaublich schwierig!

Tatsächlich, sie schauten genau auf diesen blauen Planeten und erkannten ihre verlorenen Kinder.

Die Prozedur auf der Erde war mittlerweile bereits weiter fortgeschritten. Der heilige Mann rief inzwischen das Polarlicht zu Hilfe.

Das war *die* Möglichkeit für jene Sternenkinder, zurück in den Himmel zu kommen. Das wusste er aus den alten Erzählungen seiner Vorfahren.

Ganz bestimmte Rituale waren hier nötig, denn das Polarlicht bleibt normalerweise eher im Norden der Erde.

Und er wusste, dass das schillernde Nordlicht ein guter Verwandter der Sterne und aller Himmelskörper ist. Das Nordlicht hatte ohnehin eine große Veränderung im Magnetfeld der Erde bemerkt, hörte nun den Ruf und eilte schnell herbei.

Plötzlich schillerte und glänzte der ganze Himmel über den Sternenkindern. Das Nordlicht wehte und bewegte sich am Himmel, es war eine Pracht. Alle Farben traten zusammen und verteilten sich wieder. Dieses besondere Licht wob einen bunten Teppich am Himmel und bewegte sich leicht hin und her.

Es war so traumhaft schön, dass man leicht hätte vergessen können, was hier eigentlich bewirkt werden sollte.

Sonne und Mond waren inzwischen beide erschienen und gaben der ganzen Atmosphäre noch mehr Kraft und Intensität. Und genau dies war ja notwendig, um den Sternenkindern die Rückkehr zu ermöglichen.

Der ganze Himmel erschien in grüner und blauer Farbe. Alles glänzte und war eingetaucht in dieses Farbenspiel. Wie Wellen am Himmel waberte das Nordlicht und wogte sanft einher. Ein traumhaftes Schauspiel, das sich allen Zusehern dort bot.

Die Kinder saßen im Kreis und strahlten weißes, warmes Licht aus. Und durch Claudia geschah dann das Besondere. Sie war der Schlüssel zum Geheimnis der Rückkehr.

Es sah aus, als würde durch sie eine Brücke entstehen, auf der die Kinder in den Himmel aufsteigen konnten. Die vielen Farben und das Strahlen konzentrierten sich. Wie ein Regenbogen erschien es allen Beteiligten auf einmal.

Und so konnte ein Kind nach dem anderen aufsteigen. Es war, als würden sie schwerelos werden, die körperliche Gestalt verlieren und als reine Energie über diesen Regenbogen in das Polarlicht eintauchen und dann in den Himmel entschwinden.

Es war ein einzigartiges Schauspiel, das sich dort zeigte. Einmalig. Ein Glücksgefühl machte sich bei allen breit – es war nichts Trauriges dabei. Nur Glückseligkeit und Freude, reine Freude.

Zuletzt war es an dem Sprecher der Sternenkinder, sich zu verabschieden.

»Vielen Dank für eure Hilfe. Das werden wir euch nie vergessen. Wir werden von nun an am Himmel über euch wachen. Und damit ihr uns nicht vergesst, geben wir euch als Andenken diese Scheibe hier aus Metall. Neunundzwanzig Sterne seht ihr hier drauf. So viele, wie wir hier bei euch zu Besuch waren. Was ihr allerdings noch wissen müsst, ist Folgendes: Unser Besuch auf eurem Planeten Erde zieht nun leider weitreichende Konsequenzen nach sich. Nie wieder werden meine Eltern gemeinsam am Himmel stehen! Zu groß ist ihre Sorge, dass so etwas noch einmal passieren könnte. Von nun an wird immer nur einer am Firmament stehen, einer tags und einer nachts. Das haben leider wir verursacht, es wird nie wieder so sein wie zuvor. Dies sagt euch Nebra, das ist mein Name. Vergesst uns nicht.«

Und mit diesen Worten entschwand auch das letzte Sternenkind.

Zurück blieb ein erschöpfter, aber glücklicher weiser Mann mit seiner Tochter, die noch viele Jahre gesund leben sollten.

Und weil nun Sonne und Mond ab diesem Moment nie wieder gemeinsam am Himmel zu sehen sein sollten, wurden auf der Himmelsscheibe noch der Mond und die Sonne angebracht.

Und als Symbol für das hilfreiche Nordlicht gab es noch einen schimmernden Bogen dazu.

Zur ewigen Erinnerung, wie es einst am Himmel einmal ausgesehen hat – und wie eine Prophezeiung in Erfüllung gehen durfte.

Die Töpferin und das Sternchen

Elena liebte ihren Beruf. Er war für sie eine wirkliche Berufung. Mit dem Ton zu arbeiten, ihn zwischen den Händen zu fühlen machte sie innerlich reich, wie sie immer sagte.

Sie fühlte sich dann immer sehr geerdet und ihre Naturverbundenheit stärkte sich damit noch mehr.

Als Kind hatte sie mit dem Ton-Material eher gemanscht. Sehr zum Ärger ihrer inzwischen verstorbenen Großmutter. Aber sie hatte es immer geliebt, wenn das feuchte Material ihr durch die Finger glitt und herrliche Gefäße daraus entstehen konnten. Ihre Oma hatte ihr Talent erkannt und auch gefördert. Sie hatte ihr viel beigebracht.

An der Töpferscheibe zu sitzen hatte für sie fast einen meditativen Aspekt. Und aus dieser Leidenschaft machte sie dann ihren späteren Beruf und sie eröffnete ein Geschäft.

Der Laden lief auch recht gut und ernährte sie. Sie hatte einen festen Kundenstamm und sie freute sich täglich, wenn die Tür mit einem Klingeln aufging und neue Käufer ihr Geschäft betraten.

Ja, klingeln tat es aus folgende Bewandtnis: Als Kind hatte sie einmal im Fernsehen einen amerikanischen Film gesehen. Das war zur Weihnachtszeit und in diesem Film gab es die Begebenheit, dass immer, wenn ein Glöckchen auf der Erde klingelt, ein Engel seine Flügel bekommt. Hübsch, nicht?

Das hatte sie derart inspiriert, dass sie später eine niedlich kleine Glocke an die Eingangstür machte. Dieser helle hübsche Ton erinnerte sie nun immer an diesen Wunsch für die Engel. Und schon allein deswegen lächelte sie jeden Besucher freundlich an.

Mit jedem Objekt, welches sie gefertigt hatte, fühlte sie eine Verbindung. Und auch wenn sie diese Schalen, Schüsseln und Krüge verkaufen musste und auch wollte, verabschiedete sie sich von jedem Stück innerlich einzeln.

Und noch etwas hatte ihr die Großmutter beigebracht. »Schaue genau in die Augen der Menschen«, hatte sie gesagt. »Achte darauf, denn die Augen des Menschen sind der Spiegel der Seele«, hatte sie ihr klar gemacht.

Und Elena hatte inzwischen ein feines Gespür für die Stimmungen der Menschen, die in ihr Geschäft kamen.

Und noch etwas hatte sie mit der Zeit herausgefunden.

Mit den Jahren bemerkte sie, dass ihre Gefühle, die sie beim Bearbeiten des Tons hatte, mit in das Material flossen! Wenn sie also traurig war, was selten vorkam, wurde das Material davon beeinflusst. Und wenn sie besonders fröhlich war, so konnte man es dem fertigen Gut auch anmerken.

Und da sie ja die Kundschaft genau betrachtete und fühlend herausfand, was gewünscht wurde, hatte sie auch Folgendes – durchaus Spannendes – beobachten können. Die Menschen mit den traurigen Augen zog es zu den Objekten hin, die sie selbst in solch einer Stimmung gemacht hatte.

Und bei den glücklichen Menschen war es gerade ebenso. Auch diese gingen dann direkt zu den Sachen hin, die sie in einer fröhlichen Laune gemacht hatte. Das fand sie hoch interessant.

Ermuntert durch diese Sichtweise entwickelte sie sich auch weiter. Sie wurde mutiger und vergrößerte ihr Repertoire. Die traditionellen Muster machte sie noch weiterhin, aber sie traute sich mehr und mehr, muntere und buntere

Muster zu kreieren. Herrliche Sachen entstanden und die Kunden waren begeistert.

»Aber irgendetwas fehlte immer noch«, gestand sich Elena selbst ein.

Die Menschen verließen ihr Geschäft immer mit denselben Augen, mit der gleichen Stimmung, wie sie auch hereingekommen sind. Sie schienen zwar glücklich mit dem Kauf, aber es hatte sich nichts in der Seele *tief innen* geändert.

Lange dachte Elena darüber nach. Sie wusste nicht, wonach sie suchte. Sie wusste nur, dass noch irgendetwas benötigt wurde. Wie die sprichwörtliche Prise Salz in der Suppe, die noch gebraucht wurde, kam es ihr vor. Was könnte dies nur sein?

Immer wieder versuchte sie etwas Neues mit dem Ton. Elena veränderte die Muster und Kreise auf der Ware. Gut, sie wurden zwar immer schöner, aber es war noch nicht *das*, was sie eigentlich wirklich wollte. Welches war die Zutat, die noch erforderlich war?

Dann, eines Nachts, hatte sie einen Traum. Sie hörte überdeutlich in ihrem Inneren eine Stimme, die ihr sagte, was zu tun sei. Und da sie als Kind schon gelernt hatte, auf so etwas zu achten, konnte sie es kaum bis zum nächsten Morgen abwarten.

Sie sprang aus dem Bett und lief schnell in ihre Werkstatt. Dort setzte sie sich an ihre Töpferscheibe, formte den Ton und machte sich an die Arbeit. Elena fertigte das erste, neue Gefäß. Als sie fertig war, kam – wie immer – auf die Unterseite ihre eigene Signatur.

Doch von nun an ritzte sie in jedes Stück ein kleines Sternchen dazu. Genau dies hatte gefehlt!

Und das Sternchen bekam seinen eigenen Namen – es hieß »**Hoffnung**«.

Und so kam es, dass die Kunden mit ihren eigenen Geschichten und Kümmernissen zu Elena in den Laden hereinkamen, aber wenn sie das Geschäft verließen, immer mit einem kleinen neuen Funken in den Augen – dem Funken der Hoffnung.

Die klingende Elfenkugel

Miriam drehte die kleine Kugel in ihrer Hand. Sie konnte sich nicht sattsehen an dieser Silberkugel. Sie war zwar nur circa einen Daumen groß, aber ringsum mit wunderbaren unbekannten Zeichen graviert. Sie atmete tief durch. »Und du gehörst zu mir«, dachte sie. »Wie schön sie doch ist.«

Die Kugel gab bei der Drehung einen hellen Klang von sich. »Du bist wirklich etwas Besonderes«, bemerkte Miriam weiter.

Zu ihrem 18. Geburtstag hatte sie dieses schöne Geschenk von ihrer Mutter erhalten. Und wie hatte sie sich darüber gefreut. Schon von klein auf hatte Miriam den Anhänger bei ihrer Mutter Giselda bewundert. Sie erinnerte sich gut, dass sie als Kleinkind auf den Schoß der Mutter gekrabbelt war, um dann mit den kleinen Fingerchen nach der Kugel zu greifen und zu versuchen, daran zu ziehen.

»Meine«, hatte sie damals gekräht. Und Giselda hatte mit dem Kopf genickt und gesagt: »Ja, die Elfenkugel wird dir eines Tages gehören. Wenn du groß bist, werde ich sie dir übergeben. Und dann werde ich dir auch erzählen, was es mit dieser klingenden Kugel auf sich hat.«

Und dann kam Miriams 18. Geburtstag. Von allen Geschenken, die sie bekam, hatte sie sich am meisten auf diesen Anhänger gefreut.

»Mama, ich danke dir so sehr«, hatte sie gerufen und war ihrer Mutter Giselda um den Hals gefallen. »Es ist so toll, dass ich sie endlich haben darf.«

»Ja, meine Kleine«, hatte die Mutter geantwortet. »Jetzt gehört sie dir. Und nun lass mich endlich los, damit ich dir die Geschichte dazu erzählen kann. Setz dich bitte, denn es wird nicht ganz einfach sein für dich – und sogar für mich.«

»Aber, Mama, was ist denn?« Miriam sah sie bestürzt an, setzte sich aber gehorsam auf den Stuhl neben ihrer Mutter.

Diese hatte sich ein Herz gefasst und begann erst langsam und bedächtig, dann aber immer flüssiger, zu sprechen.

»Vor vielen vielen Jahren, bevor du geboren wurdest, hatte ich ein besonderes Erlebnis. Es war ein herrlicher Tag gewesen und es wurde ein noch schönerer Abend. Ich bin alleine zum See gegangen, obwohl mir meine Eltern das verboten hatten. Es sei zu gefährlich, hatten sie mich ständig ermahnt. Und fremde Wesen würden dort ihr Unwesen treiben, hatten sie mich gewarnt. Doch ich wollte nicht auf sie hören. Heimlich ging ich zum Waldsee und habe mich ans Ufer gesetzt. Später legte mich in das von der Sonne des Tages noch warme Gras. Auf dem Rücken liegend habe ich den Himmel beobachtet. Die verschiedenen Schatten, die die Wolken hinterließen, konnte ich sehen. Ich dachte mir immer Tiere oder Gesichter aus, die von den federleichten Wolken und Wolkenfetzen gemacht wurden.

Langsam verging das restliche Licht des Tages und die Sterne erschienen. Einer nach dem anderen leuchtete am Firmament. Der Mond stand am Himmel und erhellte die gesamte Umgebung. Es war so schön dort.

Die Vögel hatten ihren Gesang eingestellt und stattdessen zirpten die Grillen auf den Wiesen ringsum.

Kannst du dir vorstellen, wie schön es dort war?«, fragte Giselda die Tochter, wartete aber die Antwort gar nicht ab, sondern erzählte weiter. In ihren Augen konnte man sehen, dass sie bereits völlig gefangen in der Erzählung war. Die Erinnerung hatte sie restlos vereinnahmt.

»Es war eine dieser besonderen Nächte, in denen wir Menschen Zugang zu der *anderen* Welt bekommen. Die Tür öffnet sich für kurze Zeit und wir dürfen an einer anderen Dimension teilhaben. Ich wusste es damals noch nicht so richtig. Aber mein Gefühl trog mich nicht. Es war eine besondere Nacht.«

Giselda holte einige Mal tief Luft. Ihr Gesicht hatte in der Zwischenzeit einen ganz besonderen Glanz angenommen. Dann sprach sie erneut.

»Ich will dich nicht länger auf die Folter spannen. Als ich mich im Gras aufsetzte, merkte ich plötzlich, dass ich nicht mehr alleine war. Es war ein junger Mann, der sich in der Nähe aufgehalten hatte und mich beobachtete. Aber er war nicht nur ein junger hübscher Mann, irgendetwas war anders an ihm. Und dann sah ich es. Es war ein Elf, ein ausgewachsener Elf. Von denen hatte ich zwar schon gehört, aber gesehen hatte ich noch nie einen. Er machte mir auch keine Angst, nein. Es war, als sollte alles so sein. Er fragte mich, ob er näher kommen dürfte und wir unterhielten uns. Ich hatte viele Fragen an ihn. Wo er denn herkäme, wie er denn heiße. Alles so was fragte ich ihn. Und er war an meinem Leben interessiert. Und nicht nur an meinem Leben, denn er funkelte mich mit seinen warmen Augen an. Ja, ja, du hast schon richtig verstanden. Ich hatte mich blitzartig in ihn verguckt. Ich war verliebt. Und ihm schien es genauso zu gehen.

Es wurde kühler am See und er setzte sich ganz nah an mich heran, damit ich nicht mehr friere. Er hielt mich im Arm und dann endlich küsste er mich auch. Wie sehr hatte ich mir das in den letzten Stunden gewünscht. Ich war bestimmt kein draufgängerisches Mädchen, aber dieser Elf hatte es mir angetan.

Er erzählte mir dann, dass wir uns lange nicht sehen könnten. Denn nur zweimal im Jahr gebe es diese Möglichkeit, eine solch offene Tür in die Anderswelt. Du kannst dir vorstellen, wie traurig ich war, als ich dies hörte.

Wir versprachen uns, dass wir uns beim nächsten Mal wieder treffen wollten. Erneut hier am Waldsee. Und damit ich ihn nicht vergesse, gab er mir seine Kette mit dem Anhänger, der Elfenkugel. Ich hätte ihn auch so nicht vergessen, aber ich freute mich sehr über das Geschenk. Sie hatte damals schon die Gravuren, die Elfenschnitzereien. Und das Besondere war noch, dass sie bei der kleinsten Bewegung einen hellen kleinen Ton von sich gibt. So, wie du es auch immer liebst.

Er legte sie mir um den Hals, küsste mich ein letztes Mal und musste dann gehen. Ich trug die Elfenkugel ständig, ich legte sie nie ab. Oft drehte ich sie mit den Fingern und ließ dieses Glöckchen erklingen. Dann dachte ich sehnsuchtsvoll an ihn, meinen Elfen. Und ich wusste sicher, dass er das hören würde. Im selben Moment würde er dies hören und auch an mich denken. Und dann war es endlich so weit, dass wieder so eine dieser Nächte anstand.

Ich konnte es kaum erwarten und bin schon zeitig am Tage zu dem See geeilt. Und ich fühlte, er war auch in der Nähe. Sehen konnte ich ihn erst, als die Zeit dafür reif war. Wir rannten aufeinander zu und umarmten uns. Gegenseitig gestanden wir uns, wie sehr wir uns vermisst hatten. Uns war klar, wir liebten uns. Und diesmal sprachen wir nicht so viel miteinander. Wir genossen es, uns anzusehen, uns in die Augen zu blicken. Wir wussten, was der andere dachte und fühlte. So kam es, dass wir die Nacht miteinander verbrachten. Eng aneinander gekuschelt, mussten wir uns dann beim Morgengrauen wieder voneinander trennen.

Es fiel uns unendlich schwer. Denn, ob du es glaubst oder nicht, uns war klar, dass du in dieser gemeinsamen Nacht gezeugt worden bist.«

Hier hielt sie wieder inne und schaute ihre Tochter Miriam an. Diese hatte begeistert zugehört.

»Dann bin ich euer Kind? Ein Elfenkind? Ganz wirklich?«, fragte sie aufgeregt.

Sie sprang auf und drehte sich im Kreis vor Freude. Die Elfenkugel gab derweil helle Töne von sich.

»Aber, Mama, das ist ja wunderbar«, rief sie begeistert aus. »Ich habe mich schon immer gewundert, warum ich so gerne am Waldsee bin. Und warum ich die leisen Töne mag und nicht, wenn alle so schreien und laut sind. Ich liebe die Musik und die Gerechtigkeit, es hat mir immer zu denken gegeben, wo ich das wohl her habe.« Wieder drehte sie sich leichtfüßig umher. »Und mein Vater?« Sie hielt inne und sah die Mutter an. »Kann er wirklich nicht mit uns leben?«

»Nein, Miriam, das geht leider nicht. Wie sehr wir uns das auch wünschten. Nicht nur für dich, sondern auch für uns. Wir lieben uns sehr. Ja, auch heute noch. Es gibt keinen anderen Partner für uns. Aber wenn es dich beruhigt, er konnte dich sehen. Wann immer er wollte. Das war ihm möglich. Er hat dich aufwachsen sehen. Er war immer bei dir. Manchmal musst du es, vor allen Dingen als kleines Kind, gefühlt haben. Denn du hast dann oft auf eine Stelle geschaut und gefragt, wer oder was das ist. Und so nach und nach trat deine Gabe etwas zurück, aber richtig verloren hast du sie nie. Dein Vater und ich treffen uns immer noch, immer, wenn wir die Möglichkeit dazu bekommen.

Doch beim nächsten Treffen wird es anders sein. Du

nämlich wirst mich begleiten! Dann wirst du dabei sein und ihn, deinen leiblichen Vater, endlich kennenlernen.

Und du bekommst noch ein spezielles Geschenk von ihm. Nun, da du volljährig bist, darf er dir eine Gabe schenken. Von dem Moment an wirst du ihn sehen können. Ihn und alle anderen Geschöpfe aus der Anderswelt. In dem Moment, wo die Kugel in euer beider Beisein erklingt, werden dir dann die Augen für immer geöffnet und auch bleiben.«

Dankbar und glücklich sah Miriam ihre Mutter an. Wie wunderbar das doch alles war. Sie hatte einen Elfen als Vater. Wer konnte dies schon von sich behaupten? Ihre ganzen Neigungen und Begabungen hatten also ihren Ursprung daher.

Miriam war glücklich. Bald, schon bald, würde sie ihren Vater kennenlernen dürfen.

Und während sie diese Gedanken hatte, drehte sie erneut die kleine silberne Kugel mit den Fingern. Hell klingelte die Elfenkugel. Miriam lächelte.

Diese, ihre Elfenkugel, die sie nie mehr im Leben ablegen würde.

Jara und der Wächter der Steine

Sie blieb vor dem Schaufenster stehen. In der Auslage lag ein herrlicher Stein aus Bergkristall. Eher ein Stift. Ein Stab, länger als ihr Zeigefinger, und er hatte sieben kleinere Steine in einer Reihe darauf. Diese sollten wohl die Hauptenergiezentren des Menschen, im Indischen auch Chakren genannt, symbolisieren.

Jeder davon hatte die ihnen zugewiesene Farbe und es waren fantastisch geschliffene Edelsteine.

Das war genau der richtige Bergkristall für Jara. Mit diesem Stein-Stab konnte sie die Patienten sicher gut behandeln.

Sie ging die Stufen hinab und öffnete die Tür des Ladens. Eine helle Glocke ertönte und der Inhaber, ein kleiner Mann, trat ihr entgegen.

»Ich habe diesen herrlichen Bergkristall gesehen. Den mit den sieben Steinen drauf. Könnte ich den bitte mal näher ansehen?«, fragte sie. Sie schaute sich dabei den Herrn etwas genauer an. Er war wirklich klein geraten. Und er hatte eine merkwürdige Ausstrahlung.

Sie guckte noch genauer hin. Ja, er war ungewöhnlich. So einen Mann hatte sie noch nie im Leben getroffen. Er hatte eine wirklich merkwürdige Art, sich zu bewegen. Dann sah sie, wie er zögerlich den Bergkristall aus der Auslage nahm, sich umdrehte und wieder auf sie zukam.

Sie sah erschrocken auf seine Hände. Beide Hände waren nur noch Stümpfe. Keine Hand hatte die volle Anzahl der Finger. Sie erkannte keine Narben. Wahrscheinlich war dies also nicht durch einen Unfall geschehen, sondern von Geburt an.

Er hatte indes ihren Blick verfolgt, sagte aber zunächst nichts.

Er hielt den Stein immer noch in der Hand und machte keinerlei Anstalten, ihn ihr zu geben.

Verwirrt schaute Jara ihn an. »Ich würde ihn gerne mal spüren«, sagte sie und streckte dabei die Hand aus. »Nur dann weiß ich, ob er gut für mich ist.«

Der Mann rührte sich immer noch nicht. Er schaute ihr direkt in die Augen und meinte dann zu ihr: »Bitte setzen Sie sich doch.«

Sie setzte sich und dachte: »Er sieht wirklich aus wie ein Gnom.« Sie hatte zwar noch nie im Leben einen Gnom gesehen, aber *so* hätte sie sich immer einen vorgestellt. Verwundert nahm sie Platz. Ob er ihr jetzt den Stein überlassen würde?

Abwartend sah sie ihn an.

»Ich heiße Gisbert«, ließ er sie wissen und hatte sich auch gesetzt. »Ich liebe meine Steine sehr«, schloss er an und behielt den Stein immer noch in den Armstümpfen. »Und dieser hier ist ein ganz besonderer!« Dabei sah er ihn bewundernd an, als würde er ihn zum ersten Mal sehen.

»Ich habe ihn von einem Inder, einem Weisen, bekommen. Und der hat mir diesen Stab übergeben.« Wieder besah er sich den Stein und drehte diesen gedankenvoll langsam im Kreis. »Dieser Wissende hat ihn mir gegeben mit der Bedingung, ihn nur an einen würdigen Nachfolger zu verkaufen.«

Jara hatte das Gcfühl, als ob der kleine Mann sie »abtastete«. Als würde er wissen wollen, was für ein Mensch sie sei. Sie fühlte ein Prickeln auf ihrer Haut, schaute aber nicht weg. Sie hielt dem Blick des Mannes stand.

»Und was meinen Sie?« fragte sie. »Meinen Sie, ich könnte würdig sein?« Der Inhaber zögerte noch immer.

»Bitte geben Sie mir doch den Stab einfach mal in die Hand!«, forderte sie ihn nochmals auf. »Sie können ja dann noch testen, ob ich der neue Besitzer sein kann.«

Nun endlich überließ er ihr den Bergkristall. Vorsichtig nahm Jara den Stein in die Hand. Er fühlte sich kühl an. Sie drehte den kalten Stein vorsichtig und bedächtig in den Händen. Er war nicht tot, das merkte sie. Er war sogar *beseelt.* Sie tastete weiter. Jetzt wusste sie es und rief erfreut aus: »Er schläft ja noch. Der Geist im Stein hat jede Menge Kräfte, aber er schläft ganz tief.«

Sie hatte, um sich zu konzentrieren, die Augen geschlossen gehalten. Jetzt öffnete sie sie wieder und lächelte den Inhaber des Ladens glücklich an.

»Gisbert, ich fühle es genau, der Stein schläft noch.« Sie sah ihn begeistert an. »Ich weiß nicht, ob ich würdig bin. Aber ich kann eines versprechen: Ich bin gut zu dem Stein und er wird mir helfen, wenn ich Patienten heilen möchte. Ich bin eine ausgebildete Heilerin. Er wird mir, sobald er aufgewacht ist, gute Dienste leisten. Nun entscheiden Sie.«

Gisbert hatte aufmerksam zugeschaut und auch zugehört. Ja, das könnte er sich gut vorstellen. Hier war wirklich ein geeigneter Nachfolger gefunden. Schon viele wollten den Stab haben, aber niemanden hatte er für würdig gehalten. Jetzt schien das anders.

Sie hatte ihn währenddessen aufmerksam angeschaut. Sie war eine Heilerin und hatte ein gutes Gefühl für ihre Mitmenschen. Jedes Mal, wenn sie ihn ansah, meinte sie, sie würde einen Wichtel sehen. Sie besah sich seine Armstümpfe nochmals genauer. Normalerweise war sie sehr mitfühlend. Aber in diesem besonderen Fall spürte sie kein Mitleid. Eher war sie der Meinung, dass mit diesen Händen des kleinen Mann eine Aufgabe für sein Leben mitgegeben worden war.

»Darf ich Sie etwas Persönliches fragen? Das mit Ihren Händen, ist das durch einen Unfall passiert?«

Gisbert schien nicht irritiert zu sein. »Kein Problem!«, antworte er. »So, wie Sie fragen, habe ich den Eindruck, als hätten Sie eine Idee dazu«, sprach er.

»Na ja!«, zögerte Jara. »Stimmt, ich habe da eine vage Ahnung. Wahrscheinlich werden Sie mich für verrückt halten. Aber ich sage es einfach mal, wie ich es empfinde. Jedes Mal, wenn ich Sie ansehe, dann habe ich das Gefühl, ich sehe einen Erdgeist vor mir. Einer, der in den Höhlen wohnt und viele, sehr viele Edelsteine bewacht.«

Gisbert hatte immer interessierter zugehört. »Das kann ja wohl nicht wahr sein«, stieß er aus.

Jara zuckte zusammen.

»Das kann ja nicht sein«, wiederholte er, blickte aber nicht böse drein. »Sie müssen eine gute Heilerin sein. Soviel ist sicher. Es stimmt. Ich war in meinem früheren, letzten Leben ein Zwerg. Ich lebte tatsächlich in den Bergen. Meine Arbeit bestand darin, auf die Edelsteine aufzupassen. Sie gehörten einem sehr reichen König. Und der hatte mich auserwählt, diese Aufgabe zu übernehmen. Ich habe meine Aufgabe sehr ernst genommen. Mir haben die Steine Spaß gemacht und sie haben auch mit mir *gesprochen*. Ich wusste genau, was jeder Edelstein fühlte und wollte!«, sprach er stolz.

Dann verdunkelte sich sein Gesicht etwas. »Aber dann«, fuhr er fort, »wurde ich hochmütig. Und nicht nur das, ich wurde auch geizig. Ich wollte diese Steine nicht mehr hergeben. Wenn der König eine neue Kette haben wollte, so gab ich die Steine nicht mehr gerne her. Ich suchte schlechtere aus, ich wurde gierig.« Als er das erzählte, senkte er den Kopf. »Aber das nehmen die Steine nicht hin. Es kam, wie es kommen musste, ich wurde bestraft für meine Taten.

Als ich wieder mal im Berg arbeitete, um neue Steine zu finden, da gab es eine fürchterliche Explosion. Die hat mir damals die Hände zerrissen und mich getötet.«

Jara hatte den Worten des Zwerges gelauscht. Sie nickte aufmerksam. Ja, sie hatte während der Erzählung die Bilder ganz genau vor ihrem inneren Auge gehabt. Genauso muss es sich abgespielt haben.

»Und in diesem Leben?«, fragte sie ihn.

»In diesem Leben soll ich noch an meinen Hochmut erinnert werden. Wenn ich das gemeistert habe, dann werde ich wieder ganz normale Leben haben«, schloss er. »Ich bin auch nicht traurig«, fügte er noch hinzu. »Es ist alles richtig so, wie es ist.« Zufrieden sah er Jara dabei an.

Sie nickte währenddessen. Ja, sie fühlte es ebenso. »Und Sie haben Glück, dass Sie wieder mit Steinen zusammen arbeiten dürfen«, meinte sie. Er nickte zustimmend. Dann erhob er sich und blickte sie direkt an.

»Sie sind die Richtige für diesen Stab des indischen weisen Gurus. Ich hätte nicht geglaubt, dass ich den neuen Herrn des Steines jemals treffen würde. Und es freut mich besonders, dass Sie eine Frau sind, eine Heilerin! Nehmen Sie den Stab und heilen Sie viele Menschen damit. Zeigen Sie sich würdig, diesen Stab zu führen.«

Das kristallene Zauberbäumchen

Es war einmal, so fangen alle Märchen an. So auch dieses hier.

Es war einmal ein Königreich, welches in weiter Ferne lag. Es gab einen König und eine Königin in einem friedlichen Land. Na ja, überwiegend friedlich, könnte man sagen.

Die Hoheiten waren sehr verliebt ineinander und der König führte das Land in gerechter Weise. Dafür war er bekannt. Es musste zwar hart gearbeitet werden und auch Steuern waren zu entrichten, aber der Herrscher achtete auf Gerechtigkeit.

Seine Frau war eine schöne und mutige Frau. Sie unterstützte ihren Mann, wo sie nur konnte, war sehr klug und dabei auch bescheiden. Sie wünschten sich Kinder, das war ja klar. Auf die Erbfolge musste geachtet werden, und so waren sie überglücklich, als ihr erstes Kind geboren wurde.

Es war ein Mädchen und sie nannten es Felicitas, was »die Glückliche« bedeutet. Und sie liebten sie heiß und innig. Sicher, ein Sohn, ein »echter« Thronfolger, wäre ihnen noch lieber gewesen, aber – wie gesagt – sie waren glücklich mit ihrem Kind.

Felicitas spürte die Liebe ihrer Eltern täglich. Jedoch bemerkte sie auch, dass ihnen ein männlicher Erbe lieber gewesen wäre. So wuchs Felicitas auf. Sie wurde gut unterrichtet, hatte eine glückliche Kindheit und war zufrieden, weil die ganze Aufmerksamkeit ihr galt.

Bis – ja, bis zu dem Moment, wo ihre Mutter erneut schwanger wurde. Plötzlich stand die Tochter nicht mehr im Mittelpunkt. Nun, so munkelte man, würde der heißersehnte Stammhalter kommen.

Sie bemerkte die Veränderung in dem Verhalten der Eltern ihr gegenüber sofort. Man wollte sie das zwar nicht spüren lassen, indes, es gelang den werdenden Eltern nicht wirklich.

Felicitas konnte nur zusehen und nichts daran ändern. Je mehr die Zeit fortschritt und der Geburtstermin nahte, desto weniger Beachtung fand sie. Und wenn sie sich, sicher etwas ungelenk, wieder in den Vordergrund schieben wollte, so wurde sie immer brüsker abgewiesen.

Das geschah sicher nicht mit Absicht – doch das Ergebnis war dasselbe. Felicitas wurde immer eifersüchtiger auf das noch Ungeborene.

Sie wollte kein Geschwisterkind haben, nein. Weder eine Schwester noch einen Bruder. Auf keinen Fall. Sie wollte nur, dass alles so blieb, wie es war. Und den Status, der Mittelpunkt der Familie zu sein, wollte sie keinesfalls verlieren.

Böse und unleidlich wurde sie dadurch. Und damit schwanden schließlich auch die restlichen Sympathien, die sie noch bei den Eltern und am Hofe hatte.

Ungerecht behandelte sie ihre Amme. Geradezu zickig wurde sie und ihr früher stets untadeliges Benehmen ließ sie total vermissen. Ungehorsam wurde sie und schreckte selbst vor Streichen nicht zurück.

Das ging so weit, dass sie ihre Mutter einmal fürchterlich erschreckte und somit naturgemäß einen Eklat auslöste. Es war einfach nicht mehr schön.

Felicitas verstieg sich sogar in Gedanken so weit, dass sie ihr werdendes Geschwisterkind nach der Geburt entführen und aussetzen würde. Alle möglichen Szenarien dachte sie sich aus. Und keines davon war wirklich gut, nur von bösen Gedanken war alles geprägt.

Und dann kam der große Tag. Ihre Mutter lag in den Wehen und alles am Hof war schon freudig erregt.

Es liefen all die Verwandten zusammen, um den neuen Erdenbürger zu begrüßen.

Und als die Kunde kam, dass den Hoheiten ein Sohn geboren worden war, war die Freude am Hof und im Königreich groß.

Nur bei Felicitas nicht, wie man sich denken kann.

Aber sie hatte in den letzten Monaten doch einiges gelernt. Ihren Unmut zeigte sie nicht mehr so offen. Ihr war klar geworden, je mehr sie ihre Gedanken für sich behielt, umso besser für sie. Nach außen hin zeigte sie sich also versöhnlich und nahm ihren Bruder sogleich in den Arm. Die Eltern waren von dieser Geste beeindruckt und bemerkten nicht, dass dies nur ein äußerlicher Eindruck war. Sie hielten es wirklich für Einsicht, die sich bei Felicitas nun endlich zeigte.

Auch das Gesinde konnte sich dem Charme der Erstgeborenen nicht entziehen und glaubten bei der Königstochter an eine gelungene und somit positive Veränderung.

Nur einer Person blieb das wahre Innerste der Königstochter nicht verborgen. Es gab da eine weit entfernte Verwandte. Gerüchte in der Familie besagten, sie könnte eine Fee sein. Genaueres wusste man zwar nicht, aber immer hatte sie eine besondere Ausstrahlung und stetig passierten gute, ja sogar sehr gute Dinge, wenn sie in der Nähe war. Und Irsial Silberklang, so war ihr Name, hatte in die Augen von Felicitas gesehen und den Neid auf den Bruder entdeckt. Und dieser Fee war dies nicht verborgen geblieben und die Erfahrung sagte ihr, dass dieser Wesenszug kein gutes Ende nehmen würde.

Als gute Fee – sie war nämlich wirklich eine Fee aus einem alten Feen-Geschlecht – wusste sie, dass sie manches Schicksal nicht zu ändern vermochte.

Aber abschwächen könnte man dies. Und so überlegte sie, welche Möglichkeiten sie anwenden könnte, um hier hilfreich zu sein. Den Thronfolger auf der einen Seite zu schützen und auch gleichzeitig den Familienfrieden zu bewahren und schlussendlich auch Felicitas wieder auf einen guten Weg zu führen. Auch wenn es lange dauern würde, dies war ihr Ansinnen.

Aberlin, so wurde der jüngste Spross und Thronfolger genannt, war also zur Welt gekommen.

Natürlich gab es ein riesiges Fest am Hofe und alle Verwandten, Tanten, Onkel, Cousinen, Nichten und Neffen kamen zusammen, um den Eltern und dem Kind ihre Aufwartung zu machen.

Und auch Irsial hatte den weiten Weg aus ihrem Feen-Land auf sich genommen. Beschenkt wurde das Kind, dass es eine Pracht war.

Die Tische bogen sich unter den Geschenken, die jeder mitgebracht hatte.

Und jetzt zeigte sich – bzw. zeigte sich eigentlich nicht –, was die gute Fee sich überlegt hatte. Höchst offiziell hatte sie einen goldenen Löffel als Taufgeschenk mitgebracht.

Aber das war nicht alles. Unter einem Vorwand nahm Irsial die Königin beiseite. Nur ihr wollte sie ihr Geschenk anvertrauen. Nur die Königin sollte von ihrer Gabe an den Sohn wissen. Kein anderer Mensch sollte je davon erfahren. Das jedenfalls hatte sich die gute Fee Irsial Silberklang vorgenommen.

Und da die Königin ihr vertraute, hörte sie sich bereitwillig an, was Irsial ihr zu sagen hatte.

»Siehe«, sagte die Fee leise, »ich habe für deinen Sohn etwas Besonderes mitgebracht. Nur du sollst davon wissen.

Hier gebe ich dir ein kleines Pflänzchen, ein noch winziges Kristall-Bäumchen. Pflanze es selbst hinten in den Wald, der gleich an das Schloss grenzt. Behüte es gut und pflege es. Gieße es fleißig und achte darauf, dass es gut anwächst. Dieses Bäumchen gibt es nur einmal auf der ganzen Erde! Und es wird dir – und sicher auch deinem Sohn – helfen, wenn ihr in Not seid. Aber bedenke, wie groß und stark dieses Kristall-Bäumchen auch werden mag, und egal, wie viele Blätter an dem Baum wachsen werden, du darfst nur *einmal* im Jahr ein Blättchen abbrechen. Dieses Zauberblättchen bewirkt Wunder, wenn du es auf eine Wunde oder auf einen verletzten Körper legst. Du kannst das Blättchen auch zu Pulver verarbeiten oder in eine Salbe einarbeiten. Was immer du für richtig hältst. Es wird dir und der Person, der du helfen möchtest, bei Seite stehen. Nur sagen darfst du es keinem Menschen. Bedenke also gut, was du machen wirst.«

Damit gab sie das kleine Bäumchen, das Kristall-Bäumchen, in die Hände der Königin.

Diese hatte aufmerksam zugehört. Erschrocken war sie zwar auch, aber sie wusste, die Fee hatte nur Gutes im Sinn. Und sie würde tun, was ihr geraten wurde.

Sie umarmte die Fee schlussendlich inniglich und verbarg den Schatz in ihrer Kleidung, damit keiner das teure Geschenk sehen konnte.

Und gleich am nächsten Tag begab sie sich in den vorgeschlagenen Wald und fand ein schönes Plätzchen für das noch kleine Bäumchen.

Dann betrachtete sie es ausgiebig. Schön sah die Pflanze aus. Die feinen glänzenden Wurzeln hatte sie im Boden vergraben und reichlich Wasser darauf gegossen.

Nun stand es hier auf dieser Lichtung, das Sonnenlicht brach sich auf den kleinen Zweigen und schien auf die ersten zarten Kristall-Blättchen.

Sie berührte die Triebe und sprach mit dem Bäumchen. Und sofort hielt sie erschrocken inne. Sie sprach erneut mit ihm und tatsächlich, das Bäumchen antwortete ihr. Mit ganz zarter Stimme, aber deutlich zu vernehmen.

Sie versprach dem Bäumchen, es ordentlich zu hegen und zu pflegen. Dankbar nahm das Bäumchen dies an. Und zusätzlich wisperte es und ermahnte die Königin, wirklich nur einmal im Jahr ein Blättchen zu entnehmen. Sonst, ja sonst würde es kläglich eingehen.

Das weitere Blättchen würde zwar noch die versprochene Heilkraft entwickeln, aber halt um den Preis, dass der Baum dann sterben müsste.

Hoch und heilig versprach die Königin, dies zu beherzigen und nicht zu vergessen.

Die Königin strich nochmals sanft über das junge Stämmchen und verabschiedete sich. Ungesehen gelangte sie wieder in das Schloss und hielt ihr Versprechen ein.

Immer wieder mal konnte sie sich aus dem Königschloss heimlich hinausstehlen und besuchte das Bäumchen. Dieses wuchs prächtig heran. Und bei jedem Besuch gab es neue Blättchen zu bestaunen. Und jedes blitzte in einer anderen schillernden Farbe, obwohl die Grundfarbe weiß zu sein schien.

Glücklich war das Bäumchen und ebenso die Königin.

Und nie vergaß sie das Versprechen. Keiner Menschenseele hatte sie etwas gesagt, nicht einmal ihrem Gatten und sie passte immer auf, dass ihr keiner in den Wald folgte.

So vergingen die ersten Monate. Der Winter stand an und nun musste die Königin noch mehr darauf schauen, damit keiner ihren Spuren folgen konnte. Doch auch dies gelang ihr gut.

Im Schloss indessen hatte die Königstochter sich stark zurückgenommen und es schien, als hätte sie sich mit der neuen Situation gut abgefunden. Aber das genaue Gegenteil war der Fall. Sie wollte nur einen guten Eindruck auf ihre Umgebung machen, damit sie dann, wenn dem Brüderchen etwas geschah, keinesfalls in Verdacht geriet. Sie hatte sich einen genauen Plan gemacht und setzte diesen um. Jetzt, wo alle wieder volles Vertrauen in sie hatten, wollte sie eine günstige Gelegenheit nutzen und den Thronfolger geschickt ausschalten.

Schon seit langer Zeit hatte sie sich etwas Gift beschaffen können und wollte dieses dem Brei des Kindes heimlich beimischen. Jeder sollte danach annehmen, es sei ein tragisches Schicksal.

Es sollte so aussehen, als wäre dem Kind einfach übel, es würde spucken und Durchfall bekommen und dann derart geschwächt sein, dass es sterben würde. So hatte sich Felicitas das gedacht und so führte sie diesen Plan auch durch.

Skrupel hatte sie absolut keine. Sie wollte nur wieder das Lieblingskind sein, sonst nichts.

Und der Plan schien tatsächlich aufzugehen. Das Kind wurde wirklich krank und erbrach. Kein Arzt konnte helfen und den schweren Durchfall stoppen. Es war eine wirklich sehr ernste Situation.

Die Königin war außer sich vor Sorge und auch der König war völlig hilflos.

Was konnten sie nur tun, um ihren Stammhalter zu retten?

Da erinnerte sich die Königin an das Zauber-Bäumchen. Das könnte die Rettung sein. Und Zeit war genügend ins Land gegangen. Sie könnte jetzt sicher das erste Blättchen abbrechen.

Sie verkleidete sich wie immer und eilte in den Wald. Da stand das Bäumchen, schöner denn je. Und da es sich ja um ein Kristall-Zauber-Bäumchen handelte wusste es auch bereits, was die Königin von ihm wollte.

Und natürlich gestattete der Zauberbaum der Mutter sofort, ein Blättchen vom Stamm abzubrechen.

Es tat dem Baum auch nicht weh, ganz im Gegenteil. Selig war es, dass es helfen konnte und durfte. Es erstrahlte in vollem Glanz und bot der Königin das schönste und prachtvollste Blatt an. Es sollte doch viel Kraft für die Heilung haben.

Die Stimme des Baumes klang inzwischen kräftiger als damals, als es eingegraben worden war. Es war halt schon reifer, das war unverkennbar. Und mit dieser warmherzigen Stimme empfahl der Kristall-Zauber-Baum der aufgeregten Mutter, sie möge das Blättchen in diesem Fall doch bitte im Mörser zerkleinern, ganz klein wie Staub zermahlen und dem Kinde mit etwas Flüssigkeit geben. Die Wirkung würde sich innerhalb von kürzester Zeit einstellen, falls es nicht schon zu spät sei.

Die Königin eilte ins Schloss zurück und tat, wie ihr geheißen worden war. Sie zerkleinerte das Blättchen und flößte es mit etwas leichtem Tee ihrem Kinde ein. Und tatsächlich, innerhalb weniger Stunden ließ der Durchfall nach und der Sohn bekam wieder eine rosa Gesichtsfarbe. Die Gefahr war gebannt. Oh, was waren die Eltern und auch der ganze Hofstaat froh.

Nur Felicitas war verärgert. Ihr Plan war gescheitert und sie wusste nicht einmal, warum das so war.

Anmerken ließ sie sich freilich nichts. Sie dachte nach und grübelte. Nur warum diese wundersame Heilung geschehen konnte, das konnte sie nicht ergründen. Es blieb ihr nichts weiter übrig, als dies hinzunehmen.

Dieser Plan war ihr nun gründlich misslungen. Sie hätte ja an dieser Stelle aufgeben können. Da wäre noch eine Umkehr möglich gewesen. Aber zu sehr floss schon das Böse in ihren Adern. Sie würde es noch einmal versuchen. Da war sie sich sicher. Diesmal müsste ihr etwas anderes einfallen, eine sicherere Methode.

Ihr kleines Brüderchen hatte diesen Anschlag überstanden, ein gutes Jahr war vergangen und Aberlin war nun ein Kleinkind.

Er brabbelte schon recht lustig und machte allen – natürlich nicht Felicitas – viel Freude. Er krabbelte schon umher und war sehr aufgeweckt. Und ganz im Gegensatz zu ihr liebte er seine Schwester, fast abgöttisch.

Überallhin folgte er ihr und immer suchte er ihre Aufmerksamkeit. Das machte sie, die eh schon so neidisch war, noch wütender. Nein, sie wollte mit ihm nichts zu tun haben. Sollte er doch bleiben, wo der Pfeffer wächst. Alles war ihr lästig.

Doch immer noch war sie klug genug, ihre Gefühle nicht nach außen zu zeigen.

Als er ihr wieder mal ungelenk hinterher stolperte, kam sie plötzlich auf eine Idee. Natürlich, das könnte ein Weg sein.

Aberlin war noch recht tapsig in seinen Bewegungen, wie ein junger Welpe war er manchmal anzusehen. Doch genau dies sollte ihm zum Verhängnis werden.

Felicitas tat so, als würde sie sich Sorgen machen. Sie ging zu ihrer Mutter und sagte zu ihr, es sei doch gefährlich für den kleinen Bruder. Oft hätte sie ihn schon am offenen Ausguck gesehen und schnell zurückgezogen, bevor er hinausgefallen sei. So berichtete sie. So wollte sie dem vorbeugen, was sie innerlich schon als Tat vorgesehen hatte.

Und bei nächster Gelegenheit, der Bruder war ihr wieder wie zu erwarten hinterdrein gestolpert, ging sie näher an den Ausguck heran. Und da Felicitas alleine war, lehnte sie sich weit heraus und sah in den Augenwinkeln, wie der Kleine es ihr nachmachen wollte und sich hochzog. Unmerklich hatte sie ihm ein klein bisschen dabei geholfen. Und zum Schluss war es nur noch ein klitzekleiner Schups gewesen, und der Kleine stürzte vom Sims hinunter.

Jetzt brauchte sie nur noch zu schauspielern und sie schrie laut auf. Herzzerreißend rief sie um Hilfe und sie kniff sich dabei in den Arm, bis ihr die Tränen herunterrannten. Das machte insgesamt einen überzeugenden Eindruck auf jeden, der herbeieilte.

Aberlin war wirklich von dem Steinsims gefallen, jedoch hatte ein kleiner Strauch den Sturz etwas abgebremst. Aber auch der konnte nicht verhindern, dass es zu einer bösen Kopfverletzung bekommen war.

Oh, was für ein schreckliches Unglück. Aberlin bekam heftiges Fieber und nahm seine Umwelt kaum noch wahr.

Immer apathischer wurde er und alle fürchteten das Schlimmste.

Diesmal brauchte die Königin nicht lange zu überlegen. Sie wusste, was sie zu tun hatte. Aufgeregt verließ sie das Schloss in Richtung Kristall-Zauber-Bäumchen.

Nur leider war sie dieses mal nicht so umsichtig.

Sie hatte nicht bemerkt, dass ihre Erstgeborene sie gesehen hatte und ihr nun folgte. Hätte sie doch nur besser aufgepasst.

So lief sie auf direktem Weg zum Zauberbaum. Der winkte auch schon aufgeregt mit seinen Zweigen.

Die Schönheit des inzwischen fast meterhohen Baumes konnte sie überhaupt nicht genießen. Die Sorge um die Gesundheit des Kindes war einfach zu groß.

Und wieder sprach der Baum leise mit ihr – bot ihr auch dieses Mal sein schönstes großes Blatt an.

»Nimm es ruhig, liebe Königin«, sprach es. »Doch diesmal lasse das Blatt so, wie es ist. Mache heute einen Umschlag aus Leinen und lege das Blatt hinein. Diesen Umschlag lege deinem Sohn auf die Stelle auf den Kopf, die am schlimmsten aussieht. Das wird euch sicher auch diesmal helfen.«

Sie brach das Blatt und bedankte sich auf das Herzlichste. Und wieder, wie ein Ritual, strich sie dem Bäumchen über den Stamm, drehte sich um und lief zurück ins Schloss.

Und wäre sie nicht so in Eile gewesen und in Gedanken bereits bei der Handhabung des Umschlages, so hätte sie sicher ihre Tochter entdeckt, die sich ganz schnell hinter einem Baum versteckt hatte.

Felicitas schwankte zwischen Unmut und Zufriedenheit.

Das war also das Geheimnis der Mutter und der schnellen Genesung des ungeliebten Bruders. So etwas hätte sie nie für möglich gehalten.

Die Königin war sicher bereits im Schloss eingetroffen. Felicitas steckte den Kopf vorsichtig hinter ihrem Versteck vor und betrachtete aus der Ferne das Kristall-Bäumchen.

Das war ja wirklich ein schönes Zauberbäumchen. So etwas hatte sie noch nie gesehen. Auch hatte sie noch nie von so einem Kristallbaum gehört. Für heute hatte sie genug gesehen und nun schlich auch sie wieder zurück zum Schloss. Sie verstand, warum ihr Bruder wieder so schnell genesen war. So ein starker Zauber musste ja wirken, dies war ihr nun verständlich. Ihre bösen Absichten würde sie nun erst mal vergessen können. Sie musste einen neuen Weg suchen, um sich des ungeliebten Bruders zu entledigen. Was sie indes nicht vergessen konnte, das waren die glitzernden Blättchen des Zauberbaumes. Diese Kristalle waren doch einmalig. Die hätte sie gerne gehabt. Daraus ließ sich doch sicher ein schönes Diadem machen, oder einen Haar-Reif oder gar eine schöne Kette. Und je länger sie darüber nachdachte, desto heftiger wurde ihr Wunsch nach diesen schillernden Kristallblättchen. Am Tage dachte sie daran und malte sich die schönsten Geschmeide davon aus und in der Nacht ließen ihr die Gedanken keine Ruhe und sie träumte davon.

Ein Unrechtsbewusstsein hatte sie in keinster Weise und das Schlimme war ja, dass sie auch kein Wissen um das Geheimnis des Bäumchens hatte.

Sie war sich im Klaren, dass sie keiner Menschenseele etwas davon sagen durfte. Denn nicht umsonst hat es ja auch ihre Mutter geheim gehalten.

Und so war kaum ein Monat vergangen, als die Königin das jährliche Blättchen dem Baum entnommen hatte. Also viel zu früh, um erneut ein Kristallblatt zu entnehmen.

Felicitas nutzte einen Tag, als alle im Hof sehr beschäftigt waren, und lief in den Wald zu der Lichtung. Diesmal jedoch ging sie direkt auf das Kristall-Zauber-Bäumchen zu.

»Hallo, Kristall-Zauber-Bäumchen«, rief sie ihm schon von weitem zu.

Da erschrak das Zauberbäumchen sehr. Es zitterte am ganzen Stamm. Alle Blättchen erzitterten mit ihm und gaben leichte helle, schmerzvolle Töne von sich.

Doch es war zu spät. Viel zu spät. Die junge Frau hatte es schon gesehen. Wie furchtbar.

»Lass mich leben, junge Frau«, stöhnte der Baum. »Bitte tu mir nichts.«

Felicitas allerdings lachte nur. »Oh, ich lasse dich leben«, antwortete sie. »Ich werde dich nicht abschlagen. Ich möchte nur einige deiner Blätter haben. Das wäre ein schöner Schmuck für mich.«

Die Gier und Begierde konnte das Bäumchen in den Augen von Felicitas sehen.

»Tu das nicht«, rief das Kristall-Bäumchen. »Das ist mein sicherer Tod. Nur einmal im Jahr darf ein einziges Blatt entnommen werden. Wenn man mir mehr entnimmt, so gehe ich elendiglich ein – muss sterben.«

Doch Felicitas hatte überhaupt nicht zugehört. Sie hatte sich vor das Kristallbäumchen gestellt und die einzelnen Blättchen begutachtet. Sie wollte nur die schönsten abbrechen. Aber die Auswahl war gar nicht so leicht.

»Sei endlich still, du Baum«, schimpfte sie indessen. »Ich kann mich gar nicht entscheiden, welche Blätter ich zuerst nehme.« Damit strich sie ziemlich unsanft über die selbigen.

Das Bäumchen hätte sich am liebsten unsichtbar gemacht, aber diese Fähigkeit hatte es leider von der Fee nicht bekommen. Es hatte fürchterliche Angst und rief nach der Fee Silberklang.

»Du brauchst gar nicht zu rufen, hier hört dich doch keiner«, sprach Felicitas zum Baum. »Und überhaupt – warum rufst du nach Irseal? Ach, jetzt verstehe ich! Daher also die Heilfähigkeit. Dieser guten Fee haben wir also alles zu verdanken«, höhnte sie. »Nun, ich nehme heute erst mal drei deiner Blätter mit. Dann werde ich sehen, was ich noch brauche. Pass schön auf die Kristalle auf, bis ich wiederkomme.« Sie lächelte ironisch und riss plötzlich drei Blättchen von den Zweigen.

»Oh nein, was hast du nur getan?«, seufzte der Baum. »Nun werde ich sterben und euch nie mehr helfen können.«

Damit endete er und die Zweige senkten sich zu Boden.

Felicitas sah und hörte dies nur noch am Rande, denn sie hatte sich längst umgedreht und war gegangen. Was sollte das schon bedeuten, dachte sie. So ein Baum stirbt doch nicht gleich, nur weil ich drei Blätter abgerissen habe.

Doch manchmal wird eine böse Tat gleich vom Schicksal bestraft. Sie war kaum einige Meter gelaufen, als sie stolperte und hinfiel. Dies passierte derart unglücklich, dass sie sich dabei beide Sprunggelenke brach und sich auch innere Verletzungen zuzog. Sie vermeinte es richtig zu hören, dass es innen im Körper ein Knacken und ein Reißen gab. Irgendwas war nicht in Ordnung und wenn sie wirklich innere Blutungen hatte, so könnte sie nicht lange überleben.

Vor Schmerzen war sie gleich ohnmächtig geworden und es war finstere Nacht, als sie erwachte. Sie lag immer noch im Wald und an ein Aufstehen war nicht zu denken.

Schmerzen hatte sie dazu, unsägliche Schmerzen. Bewegen konnte sie sich also nicht und wie sollte sie nun zum Schloss kommen? Sie rief so lange, bis sie heiser war und einsehen musste, dass sie hier eh keiner hören würde. Ihr wurde bewusst, dass sie hier im Wald keiner finden würde. Ihre Mutter würde erst in vielen Monaten erneut hierher kommen. Da war das Elend groß. Und so verging die Nacht. Felicitas hatte sich aufrichten wollen und gedacht, dass die Schwellungen um die Beine bald nachlassen mussten. Aber es war ihr nicht möglich. Gerade mal eine etwas bequemere Haltung hatte sie einnehmen können, und war einige Meter zu einem Baumstumpf gerutscht. Der war wenigstens etwas mit Moos bewachsen und so konnte sie sich anlehnen.

Wieder vergingen einige Stunden. Den Tau hatte sie von den Gräsern nehmen können und somit wenigstens den größten Durst gelöscht. Hunger verspürte sie ohnehin kaum. Eher machten ihr die Schmerzen in den Beinen zu schaffen. Aber das Schlimmste war das Selbstmitleid.

Und wenn dies nicht gewesen wäre, so wäre sie viel schneller auf die Lösung ihres Problems gekommen.

Erst als sie anfing, sich in Gedanken von ihrer Familie zu verabschieden, denn sie hatte bereits Laute der wilden Tiere in ihrer Nähe gehört, tja, als sie damit anfing, da hatte sie den Anfang der Lösung gefunden.

Sie fingerte nach den Kristallen, die sie dem Zauberbäumchen entrissen hatte. Wenn diese ihren Bruder gerettet hatten, so würden sie ihr doch auch helfen? Oder nicht?

Mit Schrecken dachte sie daran, was das Bäumchen ihr noch gesagt hatte.

Dass es durch ihr Tun nun jämmerlich sterben müsste. Jetzt tat ihr alles leid.

Gerne hätte sie alles, was sie in der letzten Zeit gedacht und gemacht hatte, ungeschehen machen wollen. Aber das ging ja nicht.

Sie bereute aufrichtig ihr Tun. So ein Wandel in so einem kurzen Zeitraum. Was ein Unglück so vermag.

Sie konnte auf einmal gar nicht fassen, dass sie das alles gemacht hatte. Wie war es nur dazu gekommen? Wie hatte sie dies zulassen können? So viele böse Gedanken, so schreckliche Taten?! Sie hatte doch alles Gute von ihren Eltern bekommen. Auch genügend Liebe. Das begriff sie jetzt. Und den Thron? Den hatte sie nicht wirklich gewollt. Zu viel Verantwortung war doch damit verknüpft. Sie hätte dann schwere Entscheidungen fällen, gegebenenfalls sogar Kriege zulassen müssen.

Sie wusste jetzt mit absoluter Sicherheit, dass sie es gut gehabt hatte und auch immer gut gehabt hätte!

Und während sie noch diesen Gedanken nachhing, entschuldigte sie sich im Geiste bei allen und jedem für das, was sie getan hatte. Aufrichtige und richtige Buße tat sie hier.

Wieder kamen ihr die Tränen. Aber diesmal nicht aus Selbstmitleid, sondern aus aufrichtiger Trauer.

Dann beschloss sie alles mit einem Gebet. Und das tat ihr am besten!

Sie fühlte sich wieder frei. Seelisch frei. So hatte sie sich schon lange nicht mehr gefühlt, herrlich aufgehoben und selig.

Tief holte sie Luft und atmete bewusst diese Luft auch wieder aus.

Wie gut das tat. Sie war mit sich im Reinen. Komme, was da noch wolle – und wenn es ihr Tod wäre.

Und in diesem Moment hörte sie etwas. War das nicht eine Stimme? »Oh Gott«, dachte sie, »jetzt werde ich doch sterben. Ich höre schon Stimmen und vernehme auch meinen Namen.« Und? Es war tatsächlich so. Es hatte nicht lange gedauert, bis ihr Fehlen im Schloss bemerkt worden war. Überall war nach ihr gesucht und gerufen worden.

Eine Verzögerung gab es allerdings. Denn als der kleine Bruder mitbekommen hatte, dass seine so geliebte Schwester vermisst wurde, hatte er erneut einen Fieberanfall bekommen. Dieser war so heftig, dass nun die Familie nicht nur nach der Tochter suchen, sondern auch um den Thronfolger bangen musste. Voller Verzweiflung war die Königin in die Richtung des Waldes gelaufen. Sie hatte keinen Rat mehr gewusst, als nochmals zum Kristall-Zauber-Bäumchen zu laufen.

Ihr war zwar klar, dass sie jetzt nicht noch ein Blättchen dem Baum entnehmen durfte, der Zeitraum war einfach noch nicht groß genug, aber um Rat wollte sie das Bäumchen fragen. Und dann war sie beim Kristall-Bäumchen angekommen. Ganz geknickt war dieses schon. Alle Kristalle waren bereits aus den Zweigen gefallen und lagen nun verstreut auf dem Boden. Aber kein Glitzern und kein Glänzen war mehr in den Kristallen. Ganz matt lagen sie da und verloren immer mehr ihren Schein.

Das Bäumchen selber war auch schon ganz entkräftet. Wie gesagt, die Zweige bogen sich schon Richtung Boden, ganz klein und schmächtig wirkte alles.

Mit letzter Kraft und leiser Stimme flüsterte das Kristall-Zauber-Bäumchen der Königin zu, was geschehen war.

Sie solle aber ihrer Tochter nicht böse sein, meinte das Bäumchen versöhnlich. Es wusste oder ahnte, wie auch immer, dass es der Königstochter nach dieser Tat nicht mehr gut gegangen sein konnte. Nur das Ausmaß wusste es nicht. Es reichte jedoch, um die Mutter zur Versöhnung aufzurufen.

Das Kristall-Bäumchen verabschiedete sich von der Königin und meinte zum Abschied, wie schön es gewesen sei, ihr hier zu dienen und auf dieser Welt gewesen zu sein. Es wäre dankbar für diese Erfahrung. Und es sei gut, so wie alles war. Dann hauchte es sein kleines Kristall-Zauber-Leben aus.

Nun war es an der Königin, ein letztes Mal den Stamm zu streicheln. Obwohl sie wusste, dass alles richtig war, was das Bäumchen gesagt hatte, rannen ihr die Tränen über das Gesicht. Abschied tut doch einfach weh, dachte sie.

Dann straffte sie sich und richtete sich auf. Sie hatte noch Aufgaben zu erfüllen. Ihrem Sohn konnte sie nun kein Blättchen mehr mitbringen. Die, die hier lagen, hatten keine Kraft mehr. Damit musste sie sich abfinden.

Und es kam noch dazu, dass sie jetzt ihre Tochter suchen musste. Irgendwo hier musste sie sein. Das hatte das Kristall-Bäumchen gesagt. Sie stand auf und schaute in die Richtung, in die wahrscheinlich ihre Tochter gegangen sein musste, um zurück ins Schloss zu kommen.

Sie fing langsam an zu gehen, um dann immer schneller zu werden. Und dann fing sie an, den Namen zu rufen. Ihre Tochter musste hier irgendwo sein!

Und mit einem Mal hörte sie ein Schluchzen. Jetzt rannte die Königin. Dorthin, wo sie die Stimme vernommen hatte.

Und wirklich, dort am Baumstumpf sah sie ihre Tochter liegen. Gekrümmt und mit schmerzverzerrtem Gesicht, aber sie lebte.

Ihr fiel ein Stein vom Herzen. Aber nur, bis zu fast bei ihrer Tochter angelangt war. Da sah sie im Gesicht, dass diese sterbenskrank war. Der Sturz, danach sah es für sie aus, musste gewaltig gewesen sein.

Sie sah, dass sich bereits die Gesichtsfarbe von Felicitas verändert hatte. Rings um die Mundpartie war die Farbe schon weißlich – gräulich. Ein untrügliches Zeichen für ein baldiges Gehen von dieser Erde.

»Nein, Kind!«, rief sie und nahm sie in den Arm. »Gehe noch nicht! Bleib bei uns! Deinem Bruder geht es schon so schlecht und er wird sicher sterben. Dann bleibe du doch wenigstens bei uns.«

Doch Felicitas sah ihre Mutter groß an und schüttelte ganz langsam den Kopf. »Nein, meine Zeit ist gekommen. Ich habe so viel Unrechtes getan. Ich war euch keine gute Tochter. Es tut mir so leid. Mir tut alles leid, was ich getan und gesagt habe. Und so viele Sachen habe ich *nicht* getan, die ich hätte tun sollen. Es ist so furchtbar. Bitte grüße alle und sage ihnen, dass mir alles aufrichtig leid tut – ich um Vergebung bitte.«

Mit diesen Worten drückte sie der Mutter die Kristalle in die Hand. »Die sind für Aberlin. Diese Blättchen hier haben noch die Kraft der Heilung. Du musst sie ihm geben, dann wird er überleben. Und grüße ihn von mir. Sage ihm, dass ich ihn liebe. Denn das ist tatsächlich wahr. Das habe ich nur zu spät gemerkt.«

Die Mutter war fassungslos. »Das kannst du nicht tun. So lieb das auch von dir gemeint ist. Gut, du hast die Kristalle unrechtmäßig genommen. Aber nutze sie jetzt für dich selber und dann gehe zu den Menschen, denen du wehe getan hast.«

Aber Felicitas' Entschluss stand fest. Nun endlich wusste sie, wie schön es sich anfühlte, für andere etwas zu tun. Und sie hatte nicht gelogen. Sie liebte ihren Bruder wirklich. Schade nur, dass es solcher Situationen bedurft hatte, um dies zu merken. Ihr Kopf rutschte leicht zur Seite und sie wurde ohnmächtig.

Die Königin konnte nichts weiter tun, als die Kristall-Blättchen zu nehmen. Vielleicht konnte sie so wenigstens *ein* Leben noch retten. Sie lief so schnell sie konnte zurück zum Schloss. Schon von weitem rief sie um Hilfe.

Es kamen ihr bereits die ersten Helfer entgegen und sie schickte diese in den Wald, um die Tochter zu bergen. Während sie in der Zwischenzeit die Kristalle in die Hände nahm, sie mit Wärme erfüllte und ihrem Sohn auf das Herz legte.

Und wirklich, auch dieses Mal versagte die Heilungsenergie nicht. Es dauerte nicht lange und es ging dem Kinde besser. Kaum war dies geschehen, fragte Aberlin auch schon nach seiner Schwester.

Als er die traurigen Augen der Mutter sah, schrie er auf. Nein, das konnte nicht sein, sie konnte nicht tot sein. Das würde er spüren. Da sei er sich ganz sicher. Die Mutter starrte ihn verblüfft an. Wirklich, auch sie hatte nicht das Gefühl, dass Felicitas gestorben sei.

Sie raffte ihre Kleider zusammen und rannte hinunter in den Raum, wo Felicitas hingebracht worden war. Schon von weitem hörte sie schnelle Schritte und Gemurmel, aber keine traurigen Stimmen. Konnte es denn wirklich sein, dass Felicitas den schweren Sturz überlebt hatte? Sie hätte schwören können, sichere Sterbezeichen auf dem Gesicht gesehen zu haben.

Sie trat in das Zimmer und erblickte ihre Tochter auf dem Bett. Und dann begann sie zu weinen. Erst ein Schluchzen, dann schüttelte es die Königin vor lauter Weinen. Sie konnte sich gar nicht mehr beruhigen. Die Bediensteten liefen zu ihr und stützten sie. Dann begleiteten sie die Königin zum Bett von Felicitas.

Vorsichtig griff die Königin nach der Hand von Felicitas und drückte diese. Und ganz leicht, wie ein zarter Windhauch, kam ein weicher Druck zurück.

Felicitas würde überleben. Es war ein Wunder geschehen. Keiner würde je erklären können, wie das geschehen konnte. Waren die inneren Verletzungen doch nicht so schwer gewesen? Oder hatte es genügt, dass sie die Kristall-Zauber-Blättchen in der Hand gehalten hatte? Ist der starke Wunsch des Bruders hilfreich gewesen? Vielleicht hatte die innere Umkehr ihrer Seele zum Guten hin dies bewirkt?

Aber das alles war nicht wichtig. Wichtig war nur, dass sie überlebt hatte und ihr restliches Leben nach ihren neuen Erkenntnissen ausrichtete.

Felicitas wurde in den nächsten Jahren ihrem Volk eine treue Dienerin. Und als ihr Bruder nach der Thronbesteigung die Geschicke des Landes regeln musste, war sie ihm eine starke Hilfe bei der Bewältigung dieser Aufgaben.

Und sollten sie noch nicht gestorben sein, so regieren sie noch heute …

Die Engel und die Sternschnuppen

»Da ist ja wieder eine«, rief Klara aus. »Mama, Mama, ich habe wieder eine Sternschnuppe gesehen.«

Das Gesicht war gerötet vor Aufregung und die Augen von ihr glänzten.

»Ja, das habe ich dir doch versprochen, meine Kleine«, antwortete die Mutter. »Im August gibt es viele Sternschnuppen zu sehen. Und vergiss nicht, dir etwas dabei zu wünschen. Aber erzähle es mir nicht, sonst geht es nicht in Erfüllung«, mahnte sie noch.

Wieder konnten beide eine Sternschnuppe sehen, wie sie über den Himmel zog, einen langen Schweif hinter sich ließ und dann am Horizont verglühte.

»Schau!«, rief sie. Schnell zeigte sie mit dem Finger dorthin, wo sie erneut einen Schweif am Himmel entdeckt hatte. Klara freute sich unbändig darüber. Irgendwie hatte sie das Gefühl, es passiere hier etwas ganz Tolles und wirklich Wichtiges. Das sie sich dabei noch etwas wünschen durfte, das kam ihr wie ein besonderes Geschenk zusätzlich vor.

Beide saßen auf dem Balkon im ersten Stock, sodass sie den ganzen Himmel überblicken konnten. Was für ein Glück, dass noch Ferien waren, sonst hätte Klara längst im Bett liegen müssen. So aber durfte sie, wie jedes Jahr, dieses Ereignis miterleben. Und obwohl sie noch so jung war, fühlte sie Dankbarkeit für diese Augenblicke.

Wieder und wieder schauten sie von rechts nach links, um ganz schnell und gleich am Anfang eine Sternschnuppe zu erkennen. Da wurden beide fast im selben Moment auf etwas aufmerksam.

Sie hörten etwas Zischen. Sie rissen die Köpfe hoch und sahen es. Unglaublich! Direkt über ihnen zog ein Meteorit an ihnen vorbei. So dicht, dass sie das Fauchen in der Atmosphäre hören konnten. Sie meinten sogar, einen Geruch wahrzunehmen. Es roch ein bisschen wie verbrannt. Und einen Schwefelgeruch meinten sie zu riechen.

Mutter und Tochter waren wie erstarrt. Das hatten sie noch nie erlebt. So dicht? Da waren sie ja geradezu gefährlich nah dran!

Einen derartigen Lärm hatten sie noch nie miterlebt. Es war ein kolossales Erlebnis. Es war so beeindruckend, dass beide vergessen hatten, sich etwas zu wünschen.

»Der war aber dicht«, rief Klara aus. Man merkte ihr an, dass es ihr ein wenig mulmig geworden war.

»In der Tat. Das war ja extrem. Das habe ich noch nie in meinem Leben gesehen. Sogar hören konnte man ihn. Hast du das Fauchen auch gehört?«, fragte sie ihre Kleine.

»Ja, Mama. Das hörte sich an, als ob ein Drachen faucht! Und das Feuer hinter ihm. Das war ja toll.« Jetzt war sie nicht mehr ängstlich, sondern nur noch aufgeregt. »Ob wir noch mehr davon zu sehen bekommen?«

»Das glaube ich eher nicht.

»Weißt du, das war wieder ein Geschenk der Engel für uns. Wie ich es dir schon im letzten Jahr erzählt habe.«

»Au ja, bitte erzähle mir die Geschichte noch mal.«

»Aber ich habe sie dir doch schon so oft erzählt. Jedes Jahr, wenn wir hier sitzen, erzähle ich dir, wie es zu den Sternschnuppen kommt.« Die Mutter hatte zwar so geantwortet, aber dabei gelächelt. Auch sie freute sich darauf, ihre Geschichte erneut zu erzählen.

»Bitte, bitte«, drängelte derweil die Tochter. Bitte, ich weiß nicht mehr so genau, wie das war. Erzähl' es mir. *Bitte!*«, bettelte Klara.

Die Mutter ruckelte sich auf dem Stuhl zurecht, sammelte sich und begann zu erzählen.

»Nun gut, dann wollen wir mal. Also, wir alle haben ja Schutzengel, wie du weißt. Jeder Mensch, ob klein oder groß, hat einen Schutzengel. Sogar die Tiere haben welche, die sind aber kleiner und heißen auch anders. Aber Schutzengel sind es allemal. Und oben am Himmel hat jeder von uns auch einen Stern. Guck doch mal nach oben. Unzählige Sterne gibt es. Ganze Galaxien – und alles ist voller Sterne. Das kommt eben daher, dass wir alle einen Stern haben. Ist das nicht wunderbar?«

Das Kind schaute glücklich nach oben. Hunderte, nein tausende oder gar millionen von Sternen funkelten dort. Und sie konnte die alle sehen! Na ja, fast alle, korrigierte sie dabei. Manche schienen zum Greifen nahe, andere blitzten direkt vom Firmament. Und andere schienen sehr weit weg zu sein. Kaum zu erkennen waren sie. Nur wenn man genau hinsah, so blinkten sie schwach. Klara liebte die Sterne. Und die Vorstellung, dass einer dieser Sterne *ihrer* sein sollte. Wie schön das war.

Die Mutter fuhr fort: »Und dein Schutzengel gehört auch zu deinem Stern. Die beiden gehören zusammen. So wie du zu unserer Familie gehörst.«

Klaras Mutter machte eine kurze Pause und sah wieder zum Himmel hoch.

»Erzähl weiter«, quengelte Klara und schubste ihre Mutter in die Seite.

»Dein Stern gehört also untrennbar zu dir. Das weißt du ja. Und alles, was du hier auf der Erde machst, das spiegelt sich an deinem Stern wider. Also alle guten Sachen, die du machst, die bringen deinen Stern zum Glänzen. Auch wenn du zum Beispiel nett über deine Klassenkameradin denkst, dann weiß das dein Stern. Und er weiß es nicht nur, er reagiert auch augenblicklich darauf und funkelt plötzlich heller.

Aber wenn du unartig warst, so bekommt er das auch mit. Wenn du also über die Straße rennst, ohne nach rechts und links vorher zu schauen, wie ich es dir schon so oft gepredigt habe, dann ist er betrübt und dadurch wird er etwas dunkler. Das ist der Grund, warum manche Sterne heller blinken als andere. Und viele strahlen ganz intensiv, das sind dann ganz brave Kinder.«

»Oder eben auch besonders nette Erwachsene«, unterbrach sie Klara.

»Stimmt«, bestätigte die Mutter und schwieg nochmals kurz, bevor sie weitersprach. »Und so werden über das Jahr hinweg viele Sterne ziemlich dunkel. Sie scheinen nicht mehr richtig. Sie können nicht mehr funkeln und am Himmel wird es immer düsterer.«

Die Mutter hatte so eindringlich gesprochen, dass sogar die Stimme etwas dunkler klang. Klara fröstelte leicht bei diesen Worten. So einen dunklen Stern wollte sie natürlich nicht haben! Sie nahm sich vor, in der nächsten Zeit wieder folgsamer zu sein. Auch ihre Schulaufgaben wollte sie gleich nach der Schule machen. Und mogeln würde sie auch nicht mehr. Lieber ein bisschen mehr lernen.

»Und so, wie wir auf der Erde immer einen sogenannten Frühjahrsputz machen, so ist es im Himmel auch! Einmal im Jahr, im August, wird dort »groß-reine-gemacht«. Da kommen alle Schutzengel zusammen und reinigen ihren Stern. Sie kommen mit Eimern und mit Putzmitteln, Lappen und Fegern und schrubben ihren Stern. Sie putzen so lange, bis er wieder strahlt. Alle dunklen Flecken werden so fest bearbeitet, bis kein Stäubchen mehr zu sehen ist. Und manche Übeltaten backen so fest an der Sternenoberfläche, dass sie richtig doll daran rubbeln müssen. Mitunter müssen die Engel grobe Schaber nehmen. Bei einigen Missetaten benötigen sie sogar große Messer. Damit versuchen sie dann die Verunreinigungen zu entfernen. Mit ganzer Kraft müssen sie dann an den hässlichen, dunklen Flecken arbeiten, um die Sternenoberfläche freizukratzen. Oft brauchen sie dazu so viel Kraft, dass sie die Hilfe von anderen Schutzengeln brauchen. So fest haften manchmal die schlechten Taten auf den Sternen.«

Klara konnte sich das bildlich genau vorstellen. Vor ihrem geistigen Auge sah sie, wie die Engel auf den Knien auf dem Stern hockten, inmitten von Wasserpfützen und Schmierseife, um den ganzen Schmutz vom Stern runterzurubbeln. Sie meinte sogar die großen Messer und die scharfen Klingen zu sehen und die Engel, wie sie versuchten, den Schmutz wegzukratzen. Wie sie mit Schmirgelpapier die Sternenoberfläche bearbeiteten. *Das* alles sah Klara vor sich, als wäre sie selber dort oben.

»Und dabei passiert es, nicht wahr?« fragte sie.

»Ja, dabei passiert es«, bestätigte ihr die Mutter und nickte dabei mit dem Kopf.

»Manches ist so fest verkrustet, dass die Engel doll aufdrücken müssen. Dann kann es passieren, dass ein Teil vom Stern mit abgeht. Und der springt dann von der Klinge und rutscht in das Universum. So ein kleiner Teil wird dann zu einem kleinen Meteorit und fliegt dann in den Himmel. Hier sehen wir ihn dann, wenn er in unsere Erdenatmosphäre eintaucht. Dort wird er in sekundenschnelle zu einer Sternschnuppe. Und weil wieder ein Stern sauberer geworden ist, schenkten uns die Engel die Wünsche. Am Himmel strahlt wieder ein Stern aufs Neue. Und so haben wir pro Sternschnuppe einen Wunsch frei, der uns dann erfüllt wird. Dafür sorgen unsere Engel.«

Mit diesen Worten endete ihre Geschichte. Da, noch einmal durfte sie eine Sternschnuppe sehen.

Klara sagte nichts, aber sie wünschte sich, dass es viele saubere Sterne geben sollte und viele Menschen gut sind.

Am Himmelsfirmament – so hoffte sie jetzt – gibt es viele strahlende Sterne zu sehen.

Immer sollten die Sternc glänzen, schimmern, glitzern, schillern, leuchten, funkeln ...

Der chinesische Schaukelstuhl

Er saß in seinem Schaukelstuhl, wippte leicht vor sich hin und hatte die Augen dabei geschlossen. Wie immer genoss er die Stille. Inzwischen war er ein alter Mann. Heute nahm er sich die Zeit und blickte auf sein Leben zurück. Wie hatte es eigentlich begonnen, das mit dem Schaukelstuhl?

Als kleiner Junge war er bei den Großeltern aufgewachsen. Seine Eltern waren sehr arm, mussten viel arbeiten und konnten sich kaum um ihn kümmern. Aber das störte ihn nicht, liebte er doch seine Oma und den Opa sehr. Und dies beruhte auf Gegenseitigkeit. Sie hatten ihn ordentlich ins Herz geschlossen. Die Erziehung war fast ein bisschen streng, aber dennoch sehr liebevoll.

Seine Oma war so, wie man sich eine Großmutter nur wünschen konnte. Sie kochte hervorragend und ihre Süßspeisen waren unübertroffen. Sie hatte ein Herz aus Gold und kuschelte mit dem Jungen, sprich, sie öffnete sein Herz und zeigte ihm seine weibliche Seite, ohne ihn jedoch zu verweichlichen.

Der Großvater Hartmut war ebenfalls sehr liebevoll. Zusätzlich schien er noch über ein großes Wissen zu verfügen. Florian konnte ihn alles fragen und immer bekam er eine zufriedenstellende Antwort.

Seine Kindheit war schlichtweg wunderbar. Er durfte im Garten toben, auf die Obstbäume klettern, hatte sogar ein kleines Baumhaus. Aber es gab eine Ausnahme: Er durfte sich nicht in den Schaukelstuhl setzen. Das war alleine dem Großvater vorbehalten.

Es war auch ein besonderes Stück. Er stammte aus dem alten China und sah herrlich bequem aus. An den Armlehren und auf der Rückseite waren wunderschöne Schnitzereien angebracht. Außerdem gab es eine Menge fremdartiger Zeichen und Mosaikeinlagen aus andersfarbigem Holz zu sehen.

Neugierig schaute Flo, wie er in Kurzform gerufen wurde, auf den Großvater, wenn dieser es sich in dem Stuhl bequem machte. Aber dann musste er stets das Zimmer verlassen. Eine Erklärung dafür bekam er nicht.

Einmal konnte er heimlich in den Raum sehen und beobachtete den Opa. Und schon bekam Florian Angst! Es war ganz unheimlich. Der Opa hatte sich kaum in den Schaukelstuhl gesetzt, schon zuckte der Körper kurz auf und der Kopf sackte ihm auf den Brustkorb. Es sah plötzlich aus, als wäre der Großvater gestorben. Florian konnte auch nur mit Mühe erkennen, dass der Opa noch atmete.

Das hatte ihn dann so verstört, dass er nie wieder spionierte, sondern das Verbot so akzeptierte.

»Meine Güte, wie lange ist das schon her«, dachte er. Seine Großeltern waren längst begraben. Aber vor dem Tod hatte der Großvater ihn noch zu sich gerufen. »Junge«, hatte er gesagt. »Junge, es wird Zeit, dir das Geheimnis des Schaukelstuhls zu offenbaren.« Er nahm dabei Florian an die Hand und führte ihn zum Stuhl. »Du darfst ihn jetzt anfassen und genau ansehen«, sprach er dann im heiseren Ton zu ihm.

Florian hatte eine Gänsehaut bekommen. Was kam jetzt auf ihn zu? Der Großvater ermunterte ihn, das gute Stück auch anzufassen.

»Setze dich hinein. Langsam, lasse dich nicht so fallen.« Ehrfurchtsvoll tat Florian, wie ihm geheißen, und ließ sich langsam nieder. Der Stuhl war herrlich gearbeitet und auch ausgesprochen bequem. Langsam schwang Florian hin und her. Der Großvater blickte ihn liebevoll an und sprach weiter:

»Mein lieber Junge. Dieser Schaukelstuhl ist etwas Besonderes, wie du dir schon denken kannst. Und ich werde dir jetzt mitteilen, was es damit auf sich hat, denn ich werde bald sterben.«

Erschrocken hatte der Junge aufgesehen. Der Alte jedoch winkte mit der Hand beschwichtigend ab. »Nicht traurig sein, du wirst mich noch oft genug sehen und mit mir sprechen können. Glaube mir.«

Florian hatte sich wieder etwas entspannt und sich zurückgelehnt. Er wartete ab, dass der Großpapa weitersprechen würde.

»Dieser Schaukelstuhl wird dir im Leben weiterhelfen. Er wird dich weiser machen. Ja, guck nicht so. Wenn du ihn achtest und respektierst, wird er dir zu Diensten sein.«

Wieder schaute der Ahne Florian lange an.

»Wie meinst du das? Helfen? Bei welchen Gelegenheiten?«, fragte Florian noch ein bisschen unsicher.

»Es ist einfach und schwierig zugleich«, bekam er zur Antwort. »Wir üben jetzt einmal gemeinsam. Lehne dich entspannt zurück. Dann fühle mit deinen Fingern rechts und links an den Armlehnen entlang.«

Florian tat, wie ihm geheißen. Er berührte die herrlichen Verzierungen. Mit den Händen und Fingern fuhr er über die chinesischen Schriftzeichen und an den Schnitzereien entlang. Es fühlte sich gut an.

»Und jetzt überlege dir, wen du gerne noch einmal sprechen möchtest. Eine Person, die auch schon verstorben sein kann. Oder eine Begebenheit in deiner Vergangenheit, die du noch einmal erleben möchtest. Wichtig dabei ist nur, mit welcher Einstellung du daran gehst. Es darf keine Sensationslust dabei sein. Du musst den festen Willen haben, aus dem Gesehenen zu lernen.«

Zwischendurch hatte Florian einmal kurz die Augen aufgerissen. Als ihn der Opa jedoch beruhigte, hatte er die Augen wieder geschlossen.

»Lass dir ruhig Zeit«, hörte er die Stimme. Sie schien bereits weit weg zu sein.

Er überlegte, was er denn nochmals sehen wollte. Dann fiel es ihm ein. Er hatte einmal ein Kaninchen gehabt. Das hatte er heiß und innig geliebt, doch leider war es gestorben. Ob er das nochmals sehen oder gar anfassen konnte?

Sein Großvater schien eine Ahnung zu haben, was in seinem Enkel vor sich ging.

»Nur zu«, bestärkte er ihn, »trau dich ruhig. Ich bin ja hier. Dir kann nichts passieren.«

Und so tauchte Florian weiter in seine Erinnerung ein. Er hatte das Gefühl, als zöge es ein bisschen in der Magengegend und dann, plötzlich, stand er in der Vergangenheit.

Wie seltsam das war. Er konnte sich selbst sehen. Wie er im Garten stand und das kleine Tier namens »Love« auf dem Arm hatte. Er nahm die Umgebung wahr, jedoch viel intensiver als früher. Gerüche stiegen ihm in die Nase. Und die Gefühle waren so intensiv, dass ihm fast die Tränen kamen.

Er konnte sich selbst zusehen. Und was noch erstaunlicher war, er konnte seine Gedanken aufnehmen. »Ist ja irre«, dachte er. »Was passierte hier denn? Und vor allen Dingen, wie passiert das und was geht hier vor?« Und während er sich noch zusah, bekam er eine Erklärung offenbart.

Er konnte selbst die Gefühle und Gedanken des Tieres erkennen. Es war ihm nun klar, was diese Begebenheit bedeutete. Love, sein Lieblingstier, hatte wirklich einen Grund, bei ihm zu sein.

Love war auf die Welt und zu ihm gekommen, um ihm Verantwortung beizubringen. Und ihm auch zu zeigen, wie viel Liebe man Tieren entgegenbringen konnte.

Dies war eine der Voraussetzungen, dass Florian später auch zu anderen Lebewesen Liebe und Achtung entwickelte. Florian wurde das Ausmaß dieser Begebenheit bewusst.

Auch wurde ihm vollkommen klar, dass er alles richtig gemacht hatte. Eine Welle des Glücks ging durch Florians Körper. So dankbar war er für diese Offenbarung, dass er es kaum beschreiben konnte.

Und just in diesem Moment fühlte er wieder das gleiche Ziehen in seinem Sonnengeflecht. Schlagartig wurde er sich bewusst, wo er war. Er machte die Augen auf und sah auf den Großvater. Dieser nickte ihm zu und meinte: »Na? An deiner Ausstrahlung kann ich erkennen, dass deine Seelenreise erfolgreich war, stimmt's? Du wirst dich noch etwas benommen fühlen, aber daran gewöhnt man sich. Und ich erkenne, dass du deine Aufgabe übertragen bekommen hast. Nutze diese Fähigkeit und diesen Stuhl nur, wenn du wirklich etwas lernen willst. Ansonsten wird er dir die Bereitschaft versagen und zu einem ganz normalen, alten Schaukelstuhl werden. Versprich es mir!«

Das fiel Florian nicht schwer. Das Erlebte war zwar anstrengend gewesen, aber trotzdem hatte es seine Seele aufgewühlt. Das musste er erst mal verarbeiten.

Und so kam es, wie es kommen musste. Der Großpapa starb kurz nach diesem Gespräch. Tieftraurig hatte er von ihm Abschied genommen. Und auch die Großmutter wollte ohne ihren Mann nicht weiterleben; sie folgte ihm binnen 40 Tagen. So war er schlussendlich allein in dem Haus.

Anfangs machte Florian noch einen großen Bogen um den chinesischen Stuhl. Er wollte sich erst ganz genau die Fragestellungen überlegen, bevor er den Stuhl wieder benutzen würde.

Als er genau wusste, was er lernen wollte, ging er in das Zimmer. Wieder setzte er sich langsam hinein, schaukelte zuerst ein wenig und fuhr mit den Fingern über die kunstvoll gearbeiteten Schnitzereien.

Dann schloss er, wie beim ersten Mal, langsam die Augen. In seinen Gedanken wanderte er zurück in die Vergangenheit. Er holte sich in der Erinnerung ein Treffen mit seinem Großvater zurück. Wieder spürte er dieses leichte Ziehen im Solar Plexus. Und mit einem leisen »Plopp« befand er sich in der gewünschten Situation.

Es war ein Moment, in dem ihm der Opa zwar etwas erklärt hatte, aber damals hatte er den Sinn nicht verstanden. Nun, in dem erneuten Zustand, war er wieder Beobachter von außen. Und tatsächlich, blitzartig hatte er alle Erklärungen erfasst, die er bekam. Er hatte die Begebenheit und die Erfahrung daraus begriffen. Seiner Seele wurde erneut klar, was er für diesen Moment zu lernen hatte. Dann wiederholte sich das Ziehen in seinem Bauch, erneute das leise Geräusch und er war wieder im »richtigen« Leben.

Auch diesmal breitete sich die Dankbarkeit in seinem gesamten Körper aus. Eine All-Liebe erfüllte ihn. Es war wunderbar.

Und so kam es, dass er seine verstorbenen Verwandten des Öfteren traf. Mittlerweile hatte er auch die Fähigkeit erlangt, sich mit seinen verstorbenen Familienmitgliedern zu unterhalten. Und er bekam die Antworten, die ihm so sehr auf der Seele brannten. Nie ging er leichtfertig mit seinen Fragen um. Es gab immer einen Lernwunsch bei ihm.

Und dann – eines Tages – wurde ihm noch etwas übertragen. Flo wurde ganz sanft, ohne dass er es anfangs bemerkte, in eine Richtung geschoben. Er bekam aus der anderen Welt Antworten für seine Mitmenschen aufgetragen. Zunächst nur Kleinigkeiten, die für die Seele der Personen aber wichtig waren und das zukünftige Leben beeinflussen sollten.

Florian tat, was ihm aufgetragen wurde. Seine Mitmenschen waren anfangs überrascht, teils auch bestürzt. Aber alle waren bereits so weit erfahren, dass sie die Tipps aus der anderen Welt annehmen konnten.

Florian brauchte also kein böses Wort zu fürchten. Auch kein Gespött oder Gelächter musste er aushalten. Ganz im Gegenteil!

Es war dies nur der Anfang einer jahrelangen, wunderbaren Arbeit. Als ob dies nur der Test gewesen wäre, ob er bereit war, solch eine Aufgabe zu übernehmen.

Sein ganzes Leben wurde nun so gestaltet, dass er anderen helfen konnte. Es war oft anstrengend, keine Frage. Aber er hatte immer eine große Befriedigung, selbst Freude daran.

Florian öffnete die Augenlider wieder ein bisschen. Durch die Schlitze konnte er nach draußen in den sonnendurchfluteten Garten sehen. Es war Nachmittag, die Sonne brannte nicht mehr ganz so heiß und er konnte auf den Apfelbaum schauen. Groß und prall hingen die Früchte am Baum. Ihm war klar, dass er sie nicht mehr pflücken würde. Es war auch für ihn nun an der Zeit, zu gehen. Angst hatte er nicht davor. Er wusste, was ihn erwartete. Er atmete tief durch. Wie würde es seinen Patienten ergehen? Wie sah die Zukunft aus und vor allen Dingen, was würde mit dem Schaukelstuhl passieren?

Er hatte in all den Jahren immer nur in die Vergangenheit gucken können. Heute aber war ihm ein Blick in die Zukunft gestattet. Ein kurzer Augenblick nur, aber das war bereits genug.

Er sah seinen schönen chinesischen Schaukelstuhl oben im Haus auf dem Dachboden stehen. Eingestaubt zwar, aber völlig intakt und auch immer noch mit der Macht versehen, die ihm einst sein Erbauer mitgegeben hatte. Das konnte er genau fühlen.

Ein kleines Mädchen wurde ihm gezeigt, welches auf dem Speicher spielte und dabei den Stuhl entdeckte. Liebevoll ertastete sie, wie er dereinst, die Schnitzereien auf den Armlehnen.

»Sie ist ein Naturtalent«, sagte er sich und er spürte dies augenblicklich. Sie würde ganz alleine, ohne dass ihr dies gezeigt werden musste, die Geheimnisse des chinesischen Stuhles erahnen und die Reihe der Weisen weiterführen. Da war er sich ganz sicher: Alles würde gut werden.

Er war sehr glücklich. Noch einmal schaukelte er sanft hin und her. Dann atmete er ein letztes Mal tief ein, seufzte dabei und konnte nun – glücklich – von dieser Welt gehen.

Der Schal mit den Goldfäden

»Ich werde mir etwas einfallen lassen müssen«, sagte Erika zu sich. Da stand sie nun fast am Ende ihres Lebens. Sie war nicht traurig darüber. Sie hatte ein erfülltes Leben geführt.

Bereits von Kindesbeinen an hatte sie gewusst, dass sie über besondere Gaben verfügte. Und mit diesen Fähigkeiten konnte sie andere Menschen heilen. Sie wollte es nicht nur, nein, sie verspürte auch den inneren Drang dazu. Irgendetwas in ihrem Herzen hatte sie in diese Richtung geschoben. Bei ihr war der Begriff »Berufung« wirklich zum Beruf geworden.

Die Kranken kamen gerne zu ihr. Sie war oft Retterin in letzter Not, wenn alles andere versagt hatte. Erika hatte nichts gegen Ärzte. Die hatten genauso ihren Platz im Leben wie alles andere auch. Sie verstand sich und ihre Fähigkeiten als Ergänzung. Die Mediziner heilten den körperlichen Bereich, sie half, wenn es feinstofflicher zuging. Wenn die Seele der Kranken ihre Hilfe brauchte. Dann war sie da. Und auf den unglaublichsten Wegen fanden manche Menschen zu ihr. Sie hatte in den Jahren und Jahrzehnten viel erlebt, sie war immer weiser geworden und hatte viel dazugelernt.

»Man hört nie auf zu lernen«, äußerte sie oft. »Und das betrifft auch mich«, schloss sie.

Sie wusste, dass sie bald diese Erde verlassen würde. Sie hatte keine Angst vor dem Tod. Sie wusste ziemlich genau, was auf sie zukommen würde. Oft hatte sie bei den Behandlungen ihrer Patienten Verstorbene gesehen und auch mit ihnen sprechen dürfen. Das ist ihr mit der Zeit immer natürlicher vorgekommen.

Doch es gab etwas, das sie ein bisschen traurig machte. Wider besseres Wissen allerdings. Sie wusste haargenau, dass alles, was im Leben passiert, GUT für einen war. Dass alles einen höheren Sinn hatte, auch wenn man es am Anfang vielleicht nicht verstand. Gut, manche Menschen verstanden es ein ganzes Leben lang nicht ...

Aber, was sie beschäftigte, war, dass sie keine Kinder hatte oder jemanden, an den sie das Wissen weitergeben konnte. So viel Können und Erfahrung hatte sie gesammelt. Es wäre doch schade, wenn all dies mit ihr von der Erde verschwinden würde.

»Ein wirklicher Jammer ist das«, sprach sie erneut laut aus und wirkte dabei ein wenig zerknirscht. »Gut, ich kann es nicht ändern. Also muss mir etwas anderes einfallen, damit ich alles weitergeben kann.«

Vor einiger Zeit hatte sie schon bemerkt, dass das Nachbarskind, die kleine Gisela, die Fähigkeiten einer Heilerin in sich trug.

Doch jetzt war sie noch zu jung für eine Ausbildung. Aber in ein paar Jahren würden die Gaben bestimmt ausgereift sein und konnten von der Trägerin genutzt werden.

Sie setzte sich, nachdem sie den letzten Patienten behandelt hatte, in ihren Schaukelstuhl. Das war ein guter Platz für Ideen. In diesem Stuhl konnte sie gut nachdenken, ja fast meditieren.

War sie eingeschlafen? Sie schreckte plötzlich auf und wusste augenblicklich, was sie zu tun hatte. Es war ein genialer Gedanke, der nur noch umgesetzt werden wollte. Einfach, aber perfekt.

Am nächsten Tag stand sie früh auf. Sie würde Wolle kaufen gehen.

In der kleinen Stadt angekommen, betrat sie einen winzigen Laden und sofort kam die Eigentümerin, um sie zu bedienen. Erika äußerte ihren Wunsch: Sie wollte die schönste Wolle haben, die sie zu bieten hatte. Die Frau war ganz aufgeregt und hektisch. Gerade eben hätte sie von einer Dame Garn angeboten bekommen und dieses gekauft. Diese Sorte hätte sie selbst noch nie in ihrem Leben gesehen. Aber ganz zauberhaft seien die Farbe und die Art der Fäden. Auch gebe es nur diese zwei kleinen Knäuel, sprach sie zu Erika.

Erika besah sich das Garn, fasste es an und wusste im selben Augenblick, dies hier ist genau richtig. Es sollte wohl so sein. Noch nie zuvor hatte sie so etwas Wundervolles gesehen. Und da auch die Eigentümerin gelernt hatte, auf ihre innere Stimme und ihr Bauchgefühl zu hören, überließ sie das eben Gekaufte gerne der weisen Frau.

Für Erikas besondere Aufgabe brauchte sie noch Goldfäden. Auch hier war es erstaunlicherweise nicht schwierig gewesen, sie zu bekommen. Mit diesen beiden Dingen, ihrer Ausbeute, machte sie sich auf den Heimweg.

Sie segnete die Utensilien vor der Bearbeitung, wie sie es von ihrer Großmutter gelernt hatte, und machte sich an die Arbeit.

Erika setzte sich in ihren heißgeliebten Schaukelstuhl und begann mit ihrer Mission. Einen richtig schönen Schal wollte sie herstellen. Für jeden *anderen* würde es ein zwar sehr gutes Stück werden, aber halt ein »normaler« Schal.

Und es war genau die richtige Menge an Material vorhanden. Alles fügte sich, wie es sein sollte.

Was jedoch nur sie bisher wusste, in ihm würde ein Geheimnis verborgen sein. Dieses Geheimnis würde sich, wenn es an der Zeit war, der Trägerin offenbaren. Dann würde, wie von selbst, die ganze Erfahrung und das Wissen von Erika übertragen werden.

Aus diesem Grund wob Erika die Goldfäden mit Bedacht ein. Bei jedem einzelnen Goldfaden dachte sie an ihre eigene Ausbildung. So verband sie ihr Wissen mit dem Material. Erika wob ihre Fähigkeiten mit hinein. Zwischendurch fühlte sie nach ... und tatsächlich, es funktionierte.

Sie gab jedem Goldfaden einen Teil ihres Wissens mit. Und als wüsste dieser von seiner Funktion, ließ er sich ganz leicht einarbeiten und mit der restlichen Wolle verbinden. Es gelang wirklich.

Erika war überglücklich und erleichtert. Geradezu selig und beschwingt fühlte sie sich dabei. Die Traurigkeit war gewichen und Freude und Erleichterung zogen ins Herz ein. Sie hatte ihre Aufgabe, ihre Bestimmung gelöst. Nichts, absolut nichts würde verloren gehen.

»Wie herrlich«, murmelte sie vor sich hin. »Dass der Schal so wunderschön aussehen würde, habe ich selbst nicht für möglich gehalten«, seufzte sie dankbar.

Er glänzte und funkelte im Licht wie die Farben des Regenbogens. Und die Goldfäden waren zwar zu sehen, protzten aber nicht. Es war perfekt. All ihr Wissen, ihre Fähigkeiten und ihr Können lagen nun vor ihr. Behutsam nahm sie den Schal auf und legte ihn in eine Schachtel. Sie wartete auf den richtigen Moment. Und eines schönen Tages, als Gisela sie besuchte, übergab sie ihr das Geschenk.

Das Kind war begeistert von dem selbst gearbeiteten Stück. »So etwas Schönes habe ich noch nie gesehen«, rief sie aus. »Ist das wirklich für mich? Ganz für mich alleine?«, fragte sie mit groß aufgerissenen Augen.

»Nur für dich allein«, versprach ihr Erika. »Er ist etwas Besonderes, wie du auch«, betonte sie dabei. Verwahre ihn gut, eines Tages wirst du wissen, was er für dich wirklich bedeutet«, fügte sie hinzu und ließ das glückliche Kind wieder gehen.

Wenig später starb sie. Auf dem Friedhof gaben ihr viele Menschen die letzte Ehre, wie es so schön im Sprachgebrauch heißt. Und auch Gisela war dabei und trug den geschenkten Schal um den Hals.

Das gute Stück trug sie gern in den nächsten Monaten. Sie konnte sich an den Farben kaum satt sehen und betastete die schön eingewebten Goldfäden. Gern dachte sie dabei an Erika und bewegte deren letzte Worte in ihrem Herzen. Aber ihr war klar, dass sie mit der Beantwortung der wahren *Bedeutung* des Schals noch warten musste.

Die Monate gingen ins Land. Gisela trug den Schal fast täglich und eines Tages löste sich ein Goldfaden und fiel ihr direkt in die Hand. Sie drehte ihn verspielt mit den Fingern, wickelte ihn wie in einem Spiel um die Finger und spürte plötzlich ein Prickeln. Wie ein kleiner elektrischer Schlag fühlte sich das im ganzen Körper an. Ihr war auf einmal so sonderbar. Sie musste sich setzen, weil ihr leicht schwindlig geworden war. »Was ist nur passiert?«, fragte sie sich. Und dann fühlte sie erneut in sich hinein. Sie hatte schon vor langer Zeit gespürt, dass sie die Fähigkeit besaß, anderen Menschen zu helfen, wenn sie krank waren. So zuckte zum Beispiel bei kranken Menschen oft ihre Hand, als wollte sie sich auf die kranken Körperstellen legen und den Menschen fühlten sich danach wirklich besser. Und dieser Goldfaden ließ sie spüren, dass er diese Fähigkeit verstärkte.

Sie berührte nun bewusst den nächsten Faden. Und dieses Mal wurde ihr heilendes Wissen offenbart. Sie brauchte keine weiteren Versuche. Sie wusste nun um das Geheimnis des Schals und das Vermächtnis der alten Dame.

In Dankbarkeit an die weise Frau rannen ihr nun die Tränen des Glücks über das Gesicht. Sie würde verantwortungsvoll mit dem Wissen umgehen, versprach sie Erika in Gedanken.

Und so geschah es, dass all das Wissen der weisen Frau erhalten blieb und in Gisela weiter leben konnte und den Kranken zur Gesundheit verhilft. Noch heute ...

Der wunderbare Haselnussstrauch

Es ist schon lange her, wirklich *sehr* lange her. Aber die Alten geben die Geschichten um diesen alten Haselnussstrauch gerne an ihre Kinder und die Enkel weiter.

Mitunter werden dann von diesen ungläubig die Köpfe geschüttelt, vor allen Dingen von den ganz jungen Leuten, aber trotzdem halten sie inne, wenn die Erzählungen ins Detail gehen.

Und auch Damaris weiß eine Menge über diesen besonderen Haselnussstrauch. Ihre Großmutter hatte ihr oft davon erzählt. Und nun, eines abends, als die ganze Familie sich im Garten versammelt hatte, wurde *sie* von ihren Kindern gedrängt.

»Bitte erzähl doch noch mal das Märchen vom Haselnussbaum«, quengelten sie.

Und dann kam noch ein lang gezogenes »Bitte«.

Die Sonne ging bereits unter und sie hatten sich im Garten versammelt. Rund um ein kleines Feuer saßen sie, welches die Mutter in einer kleinen ausgegrabenen Mulde in der Gartenerde, von Steinen begrenzt, gemacht hatte.

Und eine besondere Freude hatten sie, denn sie hielten kleine Stöcke in die Glut, um die die Mutter Teig gerollt hatte. Was war das für ein besonderer Genuss und eine Gaudi, wenn die Kinder die Ruten im Feuer hin und her drehen durften und zum guten Schluss den frischen und leckeren heißen Teig essen durften.

Damaris schaute in die Runde und meinte: »Es ist kein Märchen. Das sind keine erfundenen Geschichten. Es beruht alles auf der Wahrheit. Der Wahrheit, die von Generation zu Generation weitergegeben wird. Das müsst ihr schon glauben. Sonst erzähle ich euch das nicht.«

Sie schaute dabei grimmig in die Runde, doch jeder, der sie kannte, wusste, dass das nur aufgesetzt war. Sie wollte nur ordentlich gebeten werden.

Und schon ruckelte sie sich auf dem kleinen Hocker zurecht und es wurde still. Aus Erfahrung wussten sie, dass Damaris nun gleich mit dem Erzählen beginnen würde.

Und tatsächlich, sie räusperte sich, zog die Jacke etwas fester um sich und begann.

»Na gut«, fingt sie an. »Aber ihr dürft mich nicht unterbrechen und hört gut zu.« Sie vergewisserte sich, dass ihr alle Aufmerksamkeit gehörte und keines der Kinder mehr plapperte oder abgelenkt war. Dann begann sie.

»Ihr kennt doch den alten Kirchplatz. Die alte Kirche mit dem Friedhof drum herum?«

Alle nickten und die Erwachsenen brummten ein »Hm« oder »ja ja.«

»Es handelt sich um die ganz alte Kirche«, wiederholte sie und wie zur Bestätigung hob sie ihren rechten Arm und zeigte in die Richtung, in der die Kirche stand. »Diese Kirche war seinerzeit ein ganz beliebter Ort!« Sie betonte dies, in dem sie die Stimme etwas lauter werden ließ. Erneut sah sie alle an. »Ja, um diese Kirche, nein besser, um den Haselnussstrauch *davor* geht es hier. Wie ich schon sagte, die Kirche war sehr beliebt zu damaliger Zeit. Es gab dort viele Besucher, die ihre Bitten an den Herrgott richteten. Und allgemein waren alle sicher, dass diese auch erhört wurden.

Viele Wunder waren dort bereits geschehen. Viele Kranke sind gesund geworden. Die Bitten der Eltern um ein Kind wurden oft erhört. Eheleute baten um Beistand für sich selbst und auch für ihren Hof, ihre Tiere und Bediensteten. Und es gab kaum jemanden, der nicht überzeugt davon war, das dies hier ein besonderer Ort sei.«

Sie schluckte dabei, denn auch sie war schon oft dort gewesen und hatte ihre Klagen und Bitten vorgetragen. Damaris' Augen glänzten und man wusste jetzt nicht genau, war es die Aufregung oder kamen ihr gerade ein paar Tränen?

Schnell wischte sie sich über die Augen und hob erneut ihre Stimme.

»Aber das Besondere war nicht nur die Kirche. Ihr müsst wissen, früher gab es da noch die Friedhofsumrandung und außerdem den kleinen Vorplatz. Es war ein schöner Kreis mit einem Haselnussstrauch und einer kleinen gemütlichen Bank davor. Irgendwie »speziell« war es da. In dem Moment, wo man sich hinsetzte hatte man das Gefühl, alles noch intensiver zu erleben.« Wieder stockte sie und jeder konnte merken, dass sie genau in diesem Moment solch eine Situation in Gedanken durchlebte. Keinen störte dies und alle warteten geduldig, bis sie sich wieder gefasst hatte.

»Es war einfach wunderbar dort. Man setzte sich und plötzlich hörte man die Vögel lauter zwitschern. Ich kann das gar nicht richtig beschreiben. Alles war so«, sie suchte nach dem richtigen Wort, »*so lebendig*. Man hätte meinen können, dass man sogar hören konnte, *was* die Vögel sich gerade sagten. Jedes gute Gefühl war doppelt so schön. Ich fühlte enorme, liebevolle Gedanken – jedem gegenüber. Den Menschen, den Tieren, meinem ganzen Umfeld gegenüber.« Sie war dabei unbemerkt in ihr eigenes Erleben gekommen.

Und wieder erspürten alle am Feuer, wie sie alles in diesem Moment wieder erlebte. Ihr Gesicht hatte zu strahlen begonnen und sah ganz friedlich aus.

»Aber …« Sie stockte und sah sich wieder bewusst in der Runde um, »aber«, wiederholte sie noch etwas strenger, »dies kam nur dann zu Stande, wenn man die alten überlieferten Worte zu dem Haselnussstrauch sagte. Ich habe sie euch schon oft genannt. Wisst ihr sie noch?«

Jeder im Garten wusste, was sie meinte und was sie zu hören wünschte. Und ganz brav, fast wie im Chor, murmelten sie mehr oder weniger laut die gewünschte Formel:

»Lieber Baum,
gib an diesem Tag,
mir den Rat,
um den ich bat.«

»Ja, richtig«, meinte Damaris. »Das habt ihr gut behalten. Und dann war auch noch ganz wichtig, dass man diese Worte an den Baum aufrichtig sagte. Nicht nur so dahinplapperte, sondern es inbrünstig meint.« Dabei nickte sie mit dem Kopf, wie zur Bestätigung.

Inzwischen waren alle in den Bann ihrer Erzählung geraten. Sie waren voll konzentriert und warteten ungeduldig, dass sie weitererzählte. Und sie ließ sich jetzt auch nicht mehr bitten und fuhr fort.

»In dem Moment, wo jemand diese Worte an den Baum richtete, wohl gemerkt, ganz innig und ernst gemeint, dann konnte man es in den Ästen schon knistern hören. Und beim Hochschauen konnte ein jeder sehen, wie sich die Zweige und Blätter bewegten, als würde ein Wind durch sie hindurchgehen. Auch wenn sich nicht das kleinste Lüftchen regte.

Das bedeutete für den Hilfesuchenden, dass der Baum zugehört hatte und bereit war. Bereit dafür war, dass derjenige zu seinen Füßen seine Bitte vortrug.

Und ihr wisst ja, die Leute im Dorf wussten ganz genau, dass pro Person nur einmal im Jahr eine solche Anfrage an den Baum gestellt werden durfte. Nur ein einziges Mal. So sagt es die Überlieferung. Wahrscheinlich sollte auf diese Weise sichergestellt werden, dass die Menschen auch eigene Entscheidungen treffen sollten und nicht wegen jeder Kleinigkeit zum Haselnussstrauch eilten. So muss es gewesen sein, so sagen es die Alten. Und die Menschen hier im Dorf wussten das ganz genau und hielten sich daran. Es kam ihnen gar nicht in den Sinn, dies auf die Probe zu stellen. Sie waren ja eh dankbar, dass es überhaupt diese Möglichkeit für sie gab.

Und dann, nachdem man die Frage gestellt hatte, musste man ganz ruhig werden – lauschte nach innen, ja, in sein Innerstes. Denn da hinein legte der Strauch seine Antwort. Ganz genau hinhören musste man, dann hörte man die Stimme des Baumes. Ein Wispern nur, leise, aber dennoch deutlich. Manche Menschen brauchten eine Weile, bis sie das Zuhören gelernt haben. Aber eine Antwort gab es immer.

»Und«, fuhr sie fort, »könnt ihr euch auch noch an die andere Anweisung erinnern?«

Wieder nickten alle im Zuhörerkreis. Nach jeder Antwort gab es auch ein Ritual. Am Anfang stand die Einführung und Bitte und nun gab es den Schluss »und der lautet wie?«.

»Danke, lieber Strauch,
ich mache es auch,
so ist es der Brauch«

Alle hatten den Text mitgesprochen. Sie kannten ihn auswendig. Damaris war zufrieden. So sollte es sein. Auf diese Weise wurden die alten Weisheiten, Bräuche und Rituale weitergegeben.

Einige der Kinder hatten inzwischen ihre Stecken aus dem Feuer geholt und nagten zufrieden am heißen braungebrannten Teig.

Und wenn man diese Dankesworte dem Strauch gewidmet hatte, gesprochen hatte und sich auch wirklich daran hielt und den Rat des Strauches auch umsetzte, so konnte man sicher sein, das dies die richtige Entscheidung war. Und auch hier hielten sich die Dorfbewohner daran. Sie wussten einfach, dass sie damit alles richtig machten. Keiner kam je auf die Idee, etwas anderes zu tun. Den Baum, oder das Glück, auf diese Weise herauszufordern.

»Bis dann«, sie stockte bei der Erzählung, »bis dann das Schlimme passierte. Der Müller hatte eine junge hübsche Frau aus dem Nachbardorf geheiratet. Ein junges und zugegebenermaßen hübsches Ding war sie. Er war ganz stolz auf seine tolle Frau, die auch sehr ehrgeizig war. Das war ihre große Schwäche. Ehrgeizig, und sie wollte nicht auf gute Ratschläge hören. Sie meinte es immer besser zu wissen und wollte auf keinen Menschen hören. Das wurde ihr – und fast dem Baum – zum Verhängnis.

Es war nämlich so, dass sie keine Kinder bekam. Und das war ja für beide ganz schrecklich. Sie wollten und brauchten Nachkommen, das war der Garant für einen guten Hof und auch wollten sie eine richtige Familie, so hieß das früher, sein.

Sie hatte schon von dem wundersamen Bäumchen gehört. Und sie wollte nun unbedingt wissen, was es damit auf sich hatte. Sie setzte ihrem Mann so lange zu, bis er ihr dieses

Dorfgeheimnis verriet. Auch teilte er ihr mit, dass sie nur einmal im Jahr die Bitte an das Bäumchen richten dürfte. Das war ja enorm wichtig. Und damit alles richtig laufen würde, bestand er darauf, dass sie beide Texte übte, bis sie diese einwandfrei wiedergeben konnte. Damit dachte er, hätte der dem Ritual und der Weisheit des Haselnussstrauches genüge getan.

Sie war derart begeistert von ihrem neuen Wissen, dass sie sofort am nächsten Tag zu dem Haselnussstrauch lief. Sie nahm sich gar nicht richtig die Zeit, sich zu sammeln und ruhig zu werden. Sie kam an der Bank an, warf sich geradezu auf die Holzleisten der Bank und sprach sofort ihren Text auf.

»Lieber Baum,
gib an diesem Tag,
mir den Rat,
um den ich bat.«

Dann hetzte sie die nächsten Worte dazu – nämlich ihre Bitte um ein Kind. Sie schaute hoch in die Zweige, und wirklich, sie rührten sich und raschelten. Mit sich selbst zufrieden sperrte sie die Ohren auf. Doch hören, hören konnte sie nichts. So sehr sie sich auch bemühte, keine Stimme erreichte ihre Ohren.

Sie wurde immer ungeduldiger, rutschte hin und her und rief erzürnt: »Nun mach schon. Ich habe dich doch gefragt. Was soll ich machen?« Doch damit machte sie es nur noch schlimmer. Das leichte Geräusch vom Rascheln der Blätter hörte sofort auf. Sie hatte ihre Chance vertan.

Sie war so sehr von sich eingenommen, dass sie sogar die Abschiedsworte vergaß, aufsprang und zornig nach Hause lief.

Wütend schilderte sie das sogenannte Versagen des Strauches ihrem Mann. Der war aus verständlichen Gründen entsetzt. Er schalt sie, wie sie es nur hatte wagen können, derart mit dem Bäumchen zu sprechen. Und außerdem musste er ihr nun noch mitteilen, dass sie den Wunsch für dieses Jahr vertan hätte. Die junge Frau wurde dadurch nicht etwa demütiger – nein – sie wurde noch garstiger und wütender. Und sie ließ ihr Ungemach an ihrem Mann aus, schlug mit der Hand auf seinen Arm und rannte vom Hof in das Haus. Erst Stunden später hatte sie sich beruhigt. Aber auch nur deswegen, weil sie ja eh nichts ausrichten konnte gegen diesen misslichen Baum, wie sie fand.

Der Mann hingegen begab sich sofort zum Haselnussstrauch. Seinen Wunsch für dieses Jahr nutzte er nun, um sich beim Bäumchen zu entschuldigen. Seine Frau sei halt noch jung und hätte es sicher nicht so gemeint. Er dankte dem Bäumchen für seine Güte, als dieses die Entschuldigung annahm. Leise wisperten die Ästchen in das Innere des Müllers, der jedes der Worte aufnahm und dankbar und beschämt wieder von dannen ging.

Indes kam kein Kind in der folgenden Zeit auf diesem Hof auf die Welt.

Ein Jahr war nun vergangen und die Frau des Müllers hatte den Tag noch genau in Erinnerung. Nach außen hin wirkte sie bereits ruhiger, aber das hatte sie nur so aufgesetzt, damit sie ein gutes Leben mit ihrem Gatten haben konnte. Innerlich kochte und brodelte es immer noch in ihr. Sie wollte so gar nicht einsehen, warum gerade sie keinen Nachwuchs bekam. Und sie hatte auch bemerkt, dass der

Ehegatte sich wirklich sehnlichst einen Nachkommen wünschte. Von der restlichen Familie mal ganz abgesehen.

Also machte sie sich nach einem Jahr und einem Tag wieder auf den Weg zum Bäumchen. Diesmal setzte sie sich brav und ruhig unter den inzwischen höher gewachsenen Haselnussbaum. Tief atmete sie durch und versuchte, sehr ruhig zu wirken. Sie wartete einige Minuten und dann sagte sie den Vers auf:

»Lieber Baum,
gib an diesem Tag
mir den Rat,
um den ich bat.«

Sie atmete langsam und tief ein und aus. Sie wollte dem Bäumchen ja gefallen; wollte doch unbedingt eine Antwort.

Und siehe da, wieder raschelte es in den Ästen. Wieder bewegten sich die Zweige, obwohl es völlig windstill war.

Sie machte sich noch kleiner und wollte ausgesprochen demütig aussehen.

Es dauerte eine kleine Weile, doch sie rührte sich nicht. Mit eisernem Willen saß sie da und lauschte.

Und tatsächlich, etwas veränderte sich. Sie meinte plötzlich, die Vögel anders singen zu hören. Sonnenstrahlen schienen auf einmal durch die Wolken und der Baum schien fast wie von selbst zu strahlen.

Sie lauschte erneut nach innen, dass sie fast meinte, es könnte ihr wehtun.

Und dann bekam sie die lang ersehnte Antwort. Ganz leise, sie musste ganz aufmerksam sein, hörte die Frau ein Wispern.

»Gehe nach Hause«, hörte sie da, »und sei friedlich mit deinem Mann. Gehorche ihm, denn er es ist guter Mann; er will nur dein Bestes. Spare deine Widerworte auf und sei auch zu seiner Familie lieb und hilfsbereit. So soll es die nächste Zeit sein, dann wirst du schwanger werden und ihr werdet eine glückliche Familie werden.«

Dies war seine Antwort. Dann verstummte er.

Sie allerdings war mit jedem dieser Worte missmutiger geworden. Das waren eindeutig Hinweise, dass sie noch viel zu lernen hatte. Und es schmeckte ihr gar nicht, dies zu hören. Das konnte sie doch auch keinem erzählen! Ihr war klar, dass jeder nur seufzen würde und dem Bäumchen und dem Rat Recht geben würde.

Unzufrieden sprang sie auf und ging stürmisch und böse nach Hause.

Dort angekommen warf sie einige Teller gegen die Wand, so wütend und aufgebracht war sie. Und als ihr Mann nach Hause kam, konnte sie nicht widerstehen und warf ihm vor, das Bäumchen hätte seine Arbeit überhaupt nicht richtig gemacht. Nur Vorwürfe hätte sie zu hören bekommen. Sie wüsste überhaupt nicht, was das solle.

Ihm hingegen war ganz genau klar, was da passiert war. Sie hatte also die letzten 365 Tage nicht viel gelernt, hielt er ihr vor. Und zum Schluss mahnte er noch, was am schlimmsten gewesen war. Das könne er doch gar nicht wissen, meinte seine Frau. Doch, meinte er, er wisse es genau. Sie hatte nämlich was?«

Und wie im Chor antworteten alle: »Sie hat vergessen, sich zu bedanken.«

»Genau«, meinte Damaris. »Sie war so egoistisch und selbstbezogen gewesen, dass sie es wieder versäumt hatte, sich zu bedanken. Nun musste erst wieder ein Jahr vergehen, bis sie sich erneut dem Bäumchen mit einer Bitte nähern durfte.

Sie hingegen hatte keine Lust, auf die Worte des Haselnussstrauches zu hören. Die nächsten Tage und Wochen war sie noch garstiger zu ihrem Mann. Auch die ganze Familie bekam ihre schlechte Laune zu spüren. Es war gar nicht schön.

Doch mit jedem Monat, der verging, ohne dass sie schwanger wurde, wurde sie plötzlich ruhiger. Lag es daran, dass ihr Ehemann erneut seine Bitte – seine jährliche Bitte – dazu genutzt hatte, den Baum um Entschuldigung für seine Frau zu bitten? Nur das Bäumchen würde es wissen.

Tatsächlich aber geschah es, dass die junge Frau so nach und nach friedfertiger wurde. Auch einige nette Worte für die Schwiegermutter fand sie. Und als der Schwiegervater krank war, brachte sie ihm eine gute und fette Hühnersuppe und versorgte ihn. Der Familie blieb die Veränderung nicht verborgen und jeder freute sich darüber. Und hoffte vor allen Dingen, dass dies so bliebe und nicht nur eine kurz Laune von ihr sei. Doch die junge Frau wurde freundlicher, sie fiel nicht in ihr altes Verhaltensmuster zurück.

Für ihren Mann fand sie mehrfach die Möglichkeit, ihm einen Gefallen zu tun. Auch überraschte sie ihn des Öfteren mit seinem Lieblingsessen und sie gab sich insgesamt immer mehr Mühe. Und – wer hätte das gedacht – sie genoss es sogar. Sie selbst freute sich dann, wenn er mit einem dankbaren Lächeln antwortete. Es wurde ihr warm in der Magengegend, wenn er sie lieb ansah. Immer mehr wollte sie Gutes tun und sie hatte Gefallen daran, dass ihre Umgebung ihr nun freundlicher entgegenkam. Das tat ihr gut – davon wollte sie gerne mehr haben.

Das hatte sie nie für möglich gehalten. Sie hatte immer gedacht, sie müsse sich nehmen, egal wie, was sie unbedingt haben wollte. Und nun bemerkte sie, dass es ihr nichts mehr ausmachte, nicht immer im Mittelpunkt zu stehen. Sie hatte Freude daran, anderen eine Freude zu machen. So gingen die nächsten Wochen und Monate ins Land.

Fast hätte sie dabei übersehen, dass genau wieder ein Jahr und ein Tag vergangen waren. Als sie plötzlich merkte, dass sie schwanger war.

Ja, war es denn möglich? Sie sollten plötzlich ein Kind bekommen? Sie war außer sich vor Freude. Schon eilte sie zu ihrem Mann, um ihm die Neuigkeit zu überbringen. Oh, da war die Freude groß. Sie fielen sich lachend in die Arme und drehten sich vor Glück. Die Tränen rannen beiden aus den Augen, aber sie schämten sich nicht dafür. Was für ein Glück. Was für ein unfassbares Glück sie doch hatten. Und ebenso freute sich die gesamte Familie mit ihnen. So lange hatten sie darauf gewartet und nun würde es Wirklichkeit werden, eine neue Familie würde entstehen.

Am nächsten Tag besann sich die Frau, zog sich die Sonntagskleidung an, richtete ihr Haar besonders gründlich, flocht es und dann ging sie zur Kirche.

Vor dem Haselnuss-Baum hielt sie einen Moment inne, verbeugte sich und kam zur Ruhe. Dann sprach sie ihren Vers, den sie bereits zweimal aufgesagt hatte:

»Lieber Baum,
gib an diesem Tag
mir den Rat,
um den ich bat«

Dann erst setzte sie sich langsam und bedächtig auf die Bank und begann:

»Liebes Bäumchen, diesmal komme ich nicht mit einer Bitte. Dieses Mal möchte ich mich nur bei dir bedanken. Jetzt habe ich erkannt, was ich so lange falsch gemacht habe. Demütig sage ich danke an dich und beende meinen Besuch bei dir mit den Worten:

Danke, lieber Strauch,
ich mache es auch,
so ist es der Brauch«

Schon wollte sie sich erheben, als sie das Geräusch in den Ästen hörte. Sie winkte ab, sie war schon glücklich genug, doch die leise Stimme des Baumes ließ sie zuhören und sie sank zurück auf die Bank.

Dann hörte sie erstaunt zu, was der Baum ihr leise in ihr Innerstes legte. Sie solle stolz sein, dass sie sich so verändert hätte. Das sie die Zeit genutzt hatte und gelernt hatte. Er sei ebenfalls sehr glücklich darüber. Außerdem wollte er ihr die Bitte erfüllen, die sie heute NICHT gestellt hatte. Sie hatte ja heute auf ihren Wunsch verzichtet und sich stattdessen nur bei ihm bedankt.

Aber er wisse genau, was sie sehr wünschte. Nämlich, dass sie ein gesundes Kind bekommen wollte und dass noch viele Kinder folgen sollten.

Diesen Wunsch würde er ihr hier und heute gewähren. Dann wurde es wieder leiser, die Äste und Blättchen bewegten sich nicht mehr. Der Baum hatte seine Kunde getan. Ruhig wurde es auch ringsum. Aber eine schöne Stille, man hatte den Eindruck, dass selbst die Vögel und die ganze Natur andächtig zugehört hatten.

Völlig beeindruckt von diesem Ereignis erhob sich die Müllers-Frau langsam. Sie ging einige Schritte, drehte sich dann nochmals um und sagte: »Danke für alles, was du mir und meiner Familie getan hast. Ich werde von nun an jeden Tag an dich denken und für dich sorgen. Ich werde täglich nach dir schauen, ob du genug zu trinken hast. Das verspreche ich dir feierlich. Auch werde ich von meinem guten Weg nicht mehr abkommen.« Damit drehte sie sich um und ging nach Hause.

Damaris hatte innegehalten. Das Feuer war inzwischen nur noch eine kleine Glut und die Menschen rund herum waren nur noch in diesem kleinen Schein zu erkennen.

»Und – ihr wisst ja, wie die Geschichte endete, nicht wahr?«, flüsterte sie. »Das war die alte Müllers-Frau, die ihr bis vor kurzem noch jeden Tag an der Kirche und am Haselnussbaum gesehen habt. Diese alte runzlige, liebe Frau, die jeden Tag den Weg auf sich genommen hat um nach dem Baum – ihrem Baum – zu sehen. Ja, von dieser Frau haben wir hier gesprochen. Und nun, da sie inzwischen von der Erde gegangen ist, kümmern sich ihre Kinder und Kindeskinder um den Haselnussstrauch. Damit ihm auch ja nichts fehlt.«

So enden Überlieferungen – und es ist erlaubt, sich wie diese Kinder hier berührt zu fühlen.

Der Mönch mit dem Federkiel

Kunibert musste sehr vorsichtig sein. Seine Mitbrüder durften keinesfalls etwas davon erfahren. Ihm selbst war es ja unheimlich dabei und er konnte sich dies alles nicht erklären. Wurde er verrückt? Was geschah mit ihm? Warum bewegte sich der Federkiel so selbstständig in seiner Hand?

Stetig passierte das Gleiche. Er saß vor dem Papier, hielt den Federkiel in der Hand und wollte eigentlich in seiner schönsten Schrift die Vorlagen nachschreiben. Dies war seine Aufgabe hier im Kloster.

Aber immer, wenn er auf das höchste konzentriert war und den Federkiel hob, um anzufangen, dann war ihm, als hätte er keine Macht mehr über seine Hand und seinen Verstand.

Er hörte Worte, nein, eigentlich ganze Sätze in seinem Inneren. Und es war wie ein innerer Drang, er musste diese zu Papier bringen. Es war ihm, als würde seine Hand geführt werden. Es kam ihm alles so seltsam vor. Er fühlte sich wie in einer Art Trance. Er schrieb und schrieb, ohne eine Pause zu haben oder auch zu brauchen. Das, was er niederschrieb, war völlig richtig in den Sätzen und auch im Inhalt. Kein falsches Wort war zu finden. Auch wenn es oft Abhandlungen waren, die er anfangs gar nicht verstand. Mitunter gab es Themen, in denen er sich nicht gut auskannte. Aber immer fand er alles richtig benannt, wenn er später Nachforschungen über den Inhalt durchführte.

Nach Beendigung einer solchen Sitzung, so nannte er diesen Zustand jetzt, fand er sich vor einigen vollgeschriebenen Seiten wieder. Alles akkurat und sauber, ohne jegliche Widersprüche. Manchmal erinnerte er sich noch an kleine

Passagen, die er diktiert bekommen hatte. Doch oft gingen die Worte und Sätze nur »durch ihn durch«.

Er musste sich nach geraumer Zeit auch eingestehen, dass ihn dieser Trancezustand befriedigte. Es machte ihm zusehens mehr Spaß und Freude. Und er hatte inzwischen herausgefunden, dass es ihm nur dann passierte, wenn er alleine war. Dafür war er besonders dankbar. Wusste er doch nicht, welchen Gesichtsausdruck er bei solch einer Tätigkeit annahm. Das wäre ihm dann doch mehr als peinlich gewesen. Und etwas zweites Gutes hatte es noch: Er konnte in Ruhe die vollgeschriebenen Seiten in seine Zelle bringen. Denn jetzt sollte dies alles noch nicht bekannt werden. Das hatte die Stimme ihm mitgeteilt, bei der letzten sogenannten »Durchgabe«, der letzten Sitzung. Er sollte alle Schriftstücke aufbewahren und erst dann seinem Abt übergeben, wenn die Zeit dafür reif war. Ihm wurde gleichzeitig heiß und kalt bei diesen Überlegungen. Was würde nur danach mit ihm geschehen? Das könnte der Abt doch nicht einfach so hinnehmen, oder?

Wieder war so ein Abend vergangen. Während des Trancezustandes fühlte sich Kunibert wohl. Dieses Mal wurden ihm Geheimnisse über die Kräuterheilkunde mitgeteilt. Wie sie bei Krankheiten helfen könnten und was für Tinkturen und Salben daraus zu machen waren. Auch heute erfüllte ihn ein Gefühl des Altruismus – der All-Liebe. Alles war vollkommen in solchen Momenten. Er wusste es inzwischen einfach, dass alles stimmig war, was er mitgeteilt bekam und aufschreiben durfte bzw. musste.

Denn in den letzten Wochen und Monaten hatte er begriffen, dass es für ihn keine Belastung sein sollte, sondern ein Segen, der auf diesen Mitteilungen lag. Dass es geradezu eine Gnade war, dies alles erleben zu dürfen. Immerhin hatte er ja versprochen, zu dienen. Und dies tat er hier. In einer anderen Form zwar, als er je gedacht hatte. Aber es war ein Dienst, so viel war ihm klar.

Und je mehr er sich mit den Aussagen beschäftigte, desto glücklicher wurde er. Ihm wurde ein Wissen zuteil, das er kaum in dieser kurzen Zeit aus den Büchern hätte herauslesen können. Auch schienen die Themen immer ganz aktuell zu sein. Wenn er sich im Kopf mit Fragen über ein bestimmtes Thema beschäftigte, kam bald darauf die Antwort. Er fühlte sich reich beschenkt.

Auch im Äußeren konnte man bei Kunibert eine Veränderung wahrnehmen. Sein Gang war zwischenzeitlich noch gerader, noch aufrechter geworden. Auch seine Ausstrahlung veränderte sich, sodass auch die Ordensbrüder aufmerksam wurden.

Einige kritische und neidische Blicke trafen ihn leider auch, aber ihn störte dies nicht.

Dem Abt war dies alles ebenfalls nicht entgangen. Da er keinen Unfrieden unter den Klosterbrüdern sehen wollte und selbst neugierig war, ließ er Bruder Kunibert zu sich kommen.

Auf seine Fragen reagierte Kunibert eher ausweichend. Der Abt konnte sich darauf keinen Reim machen. Als er ihn aber direkt ansprach und ihn aufforderte, sich zu bekennen, antwortete der Mönch: »Ich kann es jetzt noch nicht sagen, ich darf es noch nicht.« Flehend sah er dabei den Abt an. »Bitte glaubt mir, es liegt nicht an mir. Ich weiß auch nicht, wie lange ich noch schweigen soll«, seufzte er schlussendlich. Und weil der Abt ein kluger Mann war, drang er nicht weiter in ihn.

»Gut«, sagte er zu Kunibert, »dann geh. Wir sehen uns in einem Monat wieder hier. Dann möchte ich Antworten.« Und damit schickte er den Mönch hinaus.

Doch das Schicksal wollte es anders. Der Abt hatte nach dem Gespräch die Kapelle aufgesucht und inbrünstig gebetet. Er wusste, dass Kunibert ein aufrichtiger Mensch war und nie etwas Böses im Schilde führen würde. Es musste also einen starken Grund geben, dass er – trotz heftiger Befragung – keine Antwort gegeben hatte.

Noch kniete der Abt im Gebet vertieft, als er plötzlich eine Wärme spürte, die seinen ganzen Körper erfasste. Eine heiße Welle durchfuhr ihn, aber es war nicht unangenehm, nur ungewohnt. Er fühlte nach innen. Da hörte er eine Stimme. Eine Stimme, die nur in ihm zu hören war. In der Kapelle selbst war es ganz ruhig, man hörte nur den Wind draußen vor der Tür, ansonsten war kein Geräusch zu vernehmen. Aber er, der Abt, hörte sie, diese warme liebevolle Stimme, ganz deutlich. Konnte dies wirklich sein? Er war völlig überrascht.

Doch er lauschte und vernahm eine Antwort auf sein Gebet. Eine Antwort, die seine Gedanken stocken ließ. Warm und sanft klang diese Übermittlung.

Er bekam eine Aufgabe, *seine* Aufgabe, mitgeteilt.

Nach dem Gebet und dieser Eingebung ging er in seine Zelle, um über alles in Ruhe nachzudenken. Ihm war klar, dass er sich an dieses Gebot halten würde; ja musste. Es war so eindeutig, was ihm gesagt wurde. Er fühlte es, nein, er wusste, dass alles so zu geschehen hatte, wie es ihm aufgetragen worden war.

Diese unglaubliche Gewissheit war so schön! Er war nicht nur auf ein »Glauben« angewiesen. Es war Wissen!

Eine Gewissheit, wie es sie nur einmal gibt und geben kann. Die absolute Wahrheit in dem, was ihm zuteil wurde.

Der Abt war nicht mehr ungeduldig. Und es dauerte nicht einmal den genannten Monat, als Mönch Kunibert um ein Gespräch bei ihm bat. Er hatte im Gebet inzwischen die Erlaubnis bekommen, den Abt einzuweihen. Und so hatte er seine ganze Mappe von Schriften, die Zeugnisse seiner Durchgaben, dabei. Alles durfte er nun dem Abt übergeben und seine Erleichterung war groß.

Der Klosterleiter übernahm ehrfurchtsvoll, was ihm überreicht wurde. In den nächsten Wochen las er alles genau durch. Er war sich der Gnade bewusst, die ihm hier gegeben wurde. Es waren herrliche Skripten. Die Nachrichten, die er erlangte, reichten von der Vergangenheit bis in die Gegenwart, wenige gingen in die Zukunft.

Es wurden Antworten auf theologische Fragen gegeben. Ihm wurden Zusammenhänge erklärt, die er schon lange hatte wissen wollen. Es war alles von einer Genauigkeit, die nicht zu übertreffen war. Es konnte sich nur um göttliche Hinweise handeln, dessen war er sich sicher.

Die Vorgaben zu den Themen Gesundheit konnte der Bruder, der für die Genesung seiner kranken Brüder zuständig war, gut gebrauchen und umsetzen. Selbst Hinweise für eine noch gesündere Ernährung kamen in den Schriften vor. Die Brüder in der Klosterküche waren begeistert. Auch Tipps für einen guten Kräuterlikör bekamen sie. Sie wurden aufgefordert, diesen zu verkaufen. Und tatsächlich, damit wurden sie im ganzen Umland bekannt. Somit hatte ihr Kloster keine finanziellen Probleme mehr.

In den Glaubensfragen allerdings, da haderte der Abt das eine oder andere Mal. Zu einfach erschienen ihm manche Antworten. Seine Glaubenserziehung musste er noch einer deutlichen Prüfung unterziehen. Aber da bisher alles richtig war, zum Teil Vorhersagen auch eingetroffen waren, scheute sich der Abt, gerade diese wichtigen Teile aus den Durchgaben abzulehnen. Er wollte alles ernst nehmen, nur musste er einfach länger darüber nachdenken.

Bruder Kunibert war dankbar, hier geholfen zu haben. Die Gabe hatte sich mittlerweile zurückgezogen. Aber er war nicht traurig, hatte er es doch bereits vorher gesagt bekommen. Es war eine gute und wichtige Aufgabe gewesen, den Federkiel zu führen.

... und wenn sie nicht gestorben sind, so leben sie noch heute …

Hildegard und der geistige Schutz

Sie war anders als die anderen Kinder. Hildegard war von klein auf sehr sensibel.

Während die anderen herumtobten, sich gegenseitig schubsten und daran Spaß zu haben schienen, mochte sie lieber die leisen Töne. Das Geschrei tat ihr regelrecht in den Ohren weh. So mied sie diese Situationen und sonderte sich dabei etwas ab.

Sie mochte es, auf der Wiese zu hocken und die Blumen anzuschauen. Wie der Wind sie leicht hin- und her bewegte. Das war doch wunderschön. Wie die Sonne die einzelnen Blättchen beschien und dadurch die herrlichsten Farben zu sehen waren. Sie meinte auch manchmal, kleine Elfen, Feen und Gnome zu entdecken.

Von ihrer Mutter wusste sie, dass es solche Lebewesen gibt. Dass nicht nur die Menschen einen Schutzengel haben, egal, welcher Religion man angehörte. Auch Tiere und Pflanzen haben so etwas, in diesem Fall sind es Naturgeister, die auf sie aufpassen. Spannend, oder!?

Am nahen Wasserlauf hatte sie bereits Wassernymphen gesehen. Die spielten dort mit Libellen oder schwirrten einfach umher. Herrlich war das.

Sie hatte sich nie dabei erschreckt, wenn sich ihr diese Wesen zeigten. Und diese Geister schienen auch zu wissen, dass von Hildegard keine Gefahr ausging. Sie nickten ihr manchmal freundlich zu und forderten sie auch schon mal auf, es ihnen gleich zu tun und mit ihnen zu spielen. Im Wasser zu toben und Freude daran zu haben.

Ihrer Mutter Katharina konnte sie von diesen Erlebnissen erzählen. Sie war aber auch die einzige, die Hildegard verstand. Hatte sie doch als Kind ähnliche Situationen erlebt.

Doch im Gegensatz zu den anderen Erwachsenen hatte sie diese Erfahrungen bis in das Erwachsenenalter hinübergerettet und das Erlebte behalten.

So wuchs Hildegard zwar mit einer verständnisvollen Mutter auf, doch diese konnte sie nicht vor der rauen Wirklichkeit schützen. Die Schule war nicht leicht zu meistern für Hildegard. Sie musste sich mit den anderen Schulkindern auseinandersetzen, ob es ihr gefiel oder nicht. Die nahmen keine Rücksicht auf die Verletzlichkeit ihrer Mitschülerin. Das ging oft mit Tränen einher. In der Teenagerzeit wurde es dann nicht viel einfacher. Jetzt kamen auch noch die neuen unbekannten Gefühle für das andere Geschlecht, die Jungen, dazu.

Schlussendlich gab es dann noch das Arbeitsleben mit neidischen Kollegen, schwierigen Chefs und mitunter niederträchtigen Mitarbeitern. So musste sie sich im Leben behaupten, wenn es auch schwierig war.

Immer jedoch war sie auf der Suche nach Hilfe. Sie durchlief eine Therapie mit einer guten Psychologin. Das brachte ihr schon einige gute Tipps ein, wie sie mit den missgünstigen Menschen und der für sie harten Umwelt besser umgehen konnte.

Was sie suchte, war jedoch noch etwas anderes. Sie wollte einen sogenannten »Schutz« haben. Irgendetwas, egal, was, aber es sollte sie *vorher* schützen. Bevor die Worte der Mitmenschen ihr wehtaten. Sie hatte mittlerweile bereits so eine Sensibilität erreicht, dass sie bereits körperlich reagierte, wenn jemand laut auf sie einsprach. Sie spürte die Blicke der Menschen, die ihr hinterher sahen und ihr nichts Gutes wünschten.

So hatte sie bereits erlebt, dass sich ein Mann über sie aufregte, nur weil sie seiner Ansicht nach nicht schnell genug die Straße überquert hatte. Danach war ihr mehrere Stunden übel gewesen.

Vor für andere alltäglichen Erlebnissen fürchtete sie sich inzwischen sehr. Da musste doch was zu machen sein?

Eines Tages traf sie auf eine ältere Dame in einem Café. Bei Kaffee und Kuchen unterhielten sie sich recht munter und Hildegard erwähnte – fast nebenbei – ihre sensible Seite und welche Schwierigkeiten sie damit hatte.

Die alte Dame hatte sich ihr als Christine vorgestellt. Und jene Christine meinte dann ganz aufgeräumt und geradezu munter: »Kein Thema, ich hätte da einen Vorschlag. Ich erzähle Ihnen jetzt mal von *meinem* Schutz. Versuchen Sie es doch einmal damit.« Und dann begann sie zu erzählen.

»Mir erging es ähnlich und mir hat Folgendes geholfen: Wenn jemand vor mir steht und mir nicht angenehm ist, dann stelle ich mir vor, zwischen uns stehe eine langstielige, schöne rote Rose. Eine herrliche Rose, die fast aufgeblüht und herrlich anzuschauen ist. Sie dürfen hier ruhig ihrer ganzen Fantasie freien Lauf lassen. Stellen Sie sich vor, wie sie leuchtet oder gar herrlich duftet. Schauen Sie sich genau die Blätter an, das Gezackte daran. Die Dornen, wie sie am Stamm der Blume herausragen. Ganz deutlich darf diese Blume in Ihrer Vorstellung entstehen. So genau steht diese Blume zwischen Ihnen und der anderen Person. Sehen Sie es vor sich?

Und dann stelle ich mir vor, wie all die lauten und bösen Worte an dieser schönen Blume heruntertropfen. Auf der mir abgewandten Seite der Rose. Auf der Seite desjenigen also, der so unangenehm ist. Da treffen die Worte erst auf die Blüte, gleiten dann am Stängel entlang, tropfen leicht hinab in den Boden und verschwinden dort in der Erde. Und später werden diese Worte und Gefühle im Boden in guten Humus umgewandelt. Genau so stelle ich mir das vor. Und das hilft mir.«

Während Christine zu Hildegard sprach, hatte diese sie erwartungsfroh angesehen. »Na, was meinen Sie dazu? Wollen Sie es einmal ausprobieren?«

Hildegard hatte die ganze Zeit aufmerksam zugehört. Sie spürte in ihrem Bauch nach und es fühlte sich gut an.

»Doch, das kann ich mal ausprobieren. Das klingt gut! Das könnte mein zukünftiger Schutz sein.« Und je länger sie darüber nachdachte, desto froher wurde sie. »Das dürfte klappen«, sagte sie noch zu Christine. Diese hatte inzwischen bereits gezahlt, sich von Hildegard verabschiedet und war auf einmal verschwunden. Hildegard hatte sie noch einiges fragen wollen, aber die Dame war so plötzlich verschwunden, wie sie vorher am Tisch aufgetaucht war. Hildegard stand noch auf, drehte den Kopf in alle Himmelsrichtungen, aber die Dame blieb verschwunden.

Geblieben ist ein Tipp für einen guten Schutz – probiert es selbst mal aus ...

Das Edelstein-Mädchen

Es war einmal ein reicher König namens Waldemar. Er hatte eine wunderschöne Frau namens Sybille und eine liebevolle Tochter.

Die Tochter hatten sie Waltraud genannt, was sowohl »Walten« und »Herrschen« bedeutete als auch »Kraft und Stärke«.

Der Vater liebte die Tochter heiß und innig und erfüllte ihr jeden Wunsch. Vor allen Dingen, als seine Ehefrau plötzlich verstarb.

Alles erfüllte ihr der Vater. Auch die ausgefallensten Wünsche. Und es kam ihm anfangs schon ziemlich fremd vor, was Waltraud gerne haben wollte.

Sie sammelte Edelsteine. Der Vater fand, dass dies für ein Mädchen ganz normal sei. Aber seine Tochter wollte ganz bestimmte Steine haben. Sie wollte keine gefassten Ringe oder Ketten tragen. Auch keine Diademe, nein, sie sammelte richtige Steine. Runde, große Steine wollte sie haben. Oder auch als Stifte gehämmert nahm sie diese Edelsteine gerne. Oder auch kleine und runde, die man gut anfassen konnte, hatte sie gern. Scheiben durften es sein oder auch ungeschliffene, wie sie in Höhlen gefunden werden. Ganz natürlich – in Rohfassung – so mochte sie es am liebsten. Manche hatten die Form von kleinen Bällen, die mochte sie ebenfalls. Sie nahm diese dann in die Hand und sprach mit ihnen. Zum Vater sagte sie, sie könne fühlen, was dieser oder jener Stein zu ihr sagte. Auch dass diese Steine die Fähigkeit hätten, zu heilen. Das kam dem Vater zwar sonderbar vor, aber er akzeptierte die selbstbewusste Aussage seiner Tochter.

So hatte es Waltraud zu einer großen Anzahl von Sammelstücken gebracht. Die gängigsten Steine wie Rosenquarz, Granat, Koralle, Saphir, Opal und Bergkristall kannte jeder. Aber sie hatte zudem auch Stücke wie Amazonit, Chrysopras, Hyazinth und Aventurin. Sie hütete den Olivenit genauso wie den Diamanten und Lapislazuli. Zu jedem hatte sie eine besondere Verbindung.

Für Waltraud waren es nicht nur funkelnde Edelsteine. Nein, sie fühlte etwas Besonderes an ihnen. Jeder hatte eine andere Ausstrahlung. Und ein jeder auch etwas anderes zu sagen.

Von Zeit zu Zeit nahm sie einfach einen Stein in die Hand, schmiegte ihre Finger um ihn und fühlte in ihn hinein. Bisweilen vernahm sie ein leises Wispern, ein anderes Mal hörte sie eher raue Laute aus dem Edelstein. Aber auf jeden Fall sprachen sie mit ihr. Sie hörte ihnen zu und vernahm, was diese ihr zu erzählen hatten.

Auch deren Wünsche hörte sie. Ja, auch Steine haben Wünsche. Manche mochten es, in ihrer Hand zu liegen und umschmeichelt zu werden. Andere wollten eher im Garten in der Sonne liegen. Viele bevorzugten den Halbschatten, wo sie sich durch die Sonne, aber mit nicht zu viel Helligkeit aufladen konnten. Jedoch alle miteinander verrieten ihr, bei welcher Krankheit oder Unwohlsein sie gerne den Menschen auf dieser Erde helfen würden.

So hatte sie zum Beispiel einen Mineralstein namens Cuprit, der hervorragend bei Störungen der Nieren zu verwenden war. Diesen Kupferstein hatte sie auch bei ihrem Vater eingesetzt zum harmonischen Ausgleich, als er einst mit diesen undefinierbaren Magenschmerzen zu tun hatte.

Eine gewaltige Heilwirkung hatte auch ein grün schillernder Fluorit, der aus dem fernen China stammte. Der besaß besondere Heilkräfte. Er heilte die Lunge und half auch nach überstandenen Krisen.

Sie genoss das Leben am Hof, fand es herrlich, von diesen schönen, farbigen Heilsteinen umgeben zu sein und um ihre Kräfte zu wissen.

Doch leider fand dieses harmonische Leben ein jähes Ende. So sehr der Vater sich auch um den Tod der geliebten Ehefrau gegrämt hatte, wollte er doch nicht alleine sein. Er erlag den Versuchungen einer jungen, sehr ehrgeizigen Frau an seinem Hofe und obwohl ihn gute Freunde warnten heiratete er sie. Er war so blind vor Liebe, dass er nicht bemerkte, worauf seine neue Ehefrau es abgesehen hatte. Sie wollte lediglich die Macht genießen und es störte sie heftig, dass ihr Gatte der Tochter Waltraud so viel Aufmerksamkeit und Liebe entgegenbrachte.

Die Stiefmutter verstand es binnen kürzester Zeit so sehr zu intrigieren, dass es Unfrieden zwischen Vater und Tochter gab. Mit dieser Heimtücke war sie derart erfolgreich, dass schlussendlich der König die Tochter verstieß. Sie musste binnen eines Tages das Schloss verlassen.

Sie bekam zur Auflage, bis an das Ende seines Reiches zu gehen. Dort wäre eine kleine Hütte, in der dürfte sie bis an ihr Lebensende wohnen. Dürfte allerdings weder in das Schloss zurückkehren noch irgendjemandem verraten, aus welchem Stand sie war.

Mit einfacher Kleidung und ohne Geld musste sie gehen.

Das einzige Zugeständnis, welches der Vater ihr gemacht hatte, war: Sie durfte ihre Steinesammlung mitnehmen. Davon allerdings wusste die herrschsüchtige Ehefrau nichts, denn selbst dies hätte sie nicht zugelassen.

So kam es, dass Waltraud ganz alleine war. Alleine in einer Umgebung, in der sie niemanden kannte und keine Freunde hatte.

Doch sie jammerte nicht. Sie hatte Mitgefühl mit ihrem Vater, der sich nicht einmal gegen diese Frau durchsetzen konnte. Kein Zorn war in ihrem Herzen.

Das half ihr sicher auch, sich bald mit den Leuten im Dorf gut zu stellen. Sie selbst war ja eine freundliche junge, hilfsbereite Frau und war sich auch für keine Arbeit zu schade. Das bemerkten und schätzten die Bewohner sehr schnell und fragten bald nicht mehr nach, wo diese liebevolle Frau auf einmal hergekommen war.

Zudem erkannten sie bald, wie gut Waltraud heilen konnte. Erst waren sie skeptisch, wenn Waltraud den einen oder anderen Stein nahm und ihn auf die schmerzenden Körperstellen legte.

Mitunter wärmte sie diesen vorher in den Händen, oder aber er wurde – kühl wie er war – auf Bauch oder Bein gelegt. Jedoch binnen kürzester Zeit stellte sich Heilung ein.

So verhalf sie einer Köchin mittels des **Topas**, ihren Geschmackssinn zu stärken. Zudem gab der Stein ihr auch mehr Selbstbewusstsein. Dankbar verabschiedete sich diese Patientin und brachte ihr, als Bezahlung sozusagen, künftig das Essen. So musste Waltraud nie mehr hungern.

Dann kam einmal eine Patientin zu ihr, die von einer neidischen Rivalin mit dem »bösen Blick« getroffen worden war, der sie unfruchtbar machen sollte. Hier meldete sich das **Tigerauge**. Waltraud konnte das Summen des Steines hören und innerhalb eines Tages ging es der Frau besser. Wie wunderbar dies alles war.

Ein anderes Mal brauchte ein Mann ihre Hilfe. Bei ihm handelte es sich um geistige Verwirrtheit und Gedächtnisverlust. Seine Ehefrau hatte ihn zu Waltraud gebracht. Als sie auch noch berichtete, dass ihr Mann über Nervenschmerzen und Fieber klagte, nahm sie spontan den **Saphir** zur Hand. Es war ein erfolgreicher Einsatz und ihm ging es seitdem wesentlich besser.

Oft brauchte sie den **Opal** zum Heilen. Der half immer bei Störungen des lymphatischen Systems, bei Leiden der Stirnhöhlen und auch bei allgemeiner Schwäche der Atemorgane.

Und noch etwas: Kinder zu behandeln war einfach wunderbar. Die Kinder waren ganz ungezwungen und mochten diesen schillernden Stein ganz besonders. Und, als würde es dem Edelstein Spaß und Freude machen, schillerten sie unermüdlich und zeigte sich in hellster Pracht.

Einmal kam ein Mütterchen zu Waltraud. Sie hatte sichtlich mit Hautproblemen zu tun. Auch eine Allergie schloss Waltraud nicht aus. Sie griff gleich zum **Lapislazuli**. Tatsächlich tat dieser hier gute Dienste und hinterließ eine glatte Haut, ohne Risse und Narben. Der Lapislazuli verriet ihr außerdem, dass die Gefahr eines Herzinfarktes und Schlaganfalles bestand. So konnte sie die alte Patientin rechtzeitig warnen und diese konnte sich von da an schonen. Es war schon erstaunlich, was die Steine so alles bewirken konnten.

Waltraud war inzwischen nur noch unter dem Namen »das Edelstein-Mädchen« bekannt. Von nah und fern kamen nun ihre Patienten. Es hatte sich herumgesprochen, dass sie mittels ihrer Steine eine gute Heilerin war.

Ihre Patienten lernten nun den **Azurit** kennen, der der Milz und der Schilddrüse zugute kam. Auch der Leber half er beim Entgiften. Außerdem konnte er noch die Knochen und Gelenke festigen, was bei Verletzungen von jung und alt gut tat.

Ach, und da war da noch ein besonderer Heilschatz, der **Bergkristall**. Diese »Tränen der Nymphe«, so wusste das Edelstein-Mädchen, helfen bei Augenleiden, aber auch bei geistigem Zusammenbruch. Sie nutzte ihn auch gerne bei Knochen-, Haut- und Ohrenleiden. Selbst bei Nagelproblemen war dieser Kristall sehr hilfreich. Einmal konnte sie ihn sogar bei Tuberkulose einsetzen. Ein wunderbarer Stein. Nach der Arbeit am Patienten reinigte sie ihn unter fließendem Wasser und legte ihn in den Halbschatten. So war er wieder sauber und freute sich auf den nächsten Einsatz.

Dankbar war das Mädchen auch für den **Bernstein**, häufig »Gold des Nordens« genannt. Bei Magen- und Nierenbeschwerden war er unschlagbar. Und bei Rheuma und Gicht erwies er sich als einzigartige Hilfe. Waltraud fand zudem heraus, dass, wenn man den Stein ins Wasser legte und es am nächsten Morgen trank, dies fröhlich und sanft machte. Zugleich stärkte das Wasser das Selbstbewusstsein.

So lebte sie in ihrem bescheidenen Heim und hatte keine Sorgen. Sie wusste nicht, dass ihre Patienten dafür Sorge trugen, dass sie unbeirrt leben und arbeiten konnte.

Ihre Stiefmutter hatte nämlich in unregelmäßigen Abständen Späher ausgesandt, die über die Tochter ihres Mannes Bericht erstatten sollten. Sie wollte sich vergewissern, dass von Waltraud keine Gefahr für sie ausging. Doch die ausgesandten Männer konnten nur Gutes berichten. Zwar nagte immer noch der Zweifel an der bösen Frau, doch die Abstände dieser Kontrollen wurden immer größer.

Indes konnte Waltraud mit der Zeit ihr Wissen um die Edelsteine weiter vertiefen. Nach Jahren der Arbeit hatte sie endlich Zugang zum »Stein des Feuers«. Aus Brasilien stammte der **Rubin**, auch roter Karfunkelstein genannt. Mit ihm umzugehen, bedurfte besonderer Weisheit. Nur wer große Aufgaben zum Wohle anderer zu erledigen hatte, dem sollte die Urkraft des Steines zugänglich sein. Wenn man mit ihm richtig arbeitete, so half er dem Blutkreislauf und dem Herzen. Nicht richtig angewandt, konnte er dem Besitzer Macht über die Mitmenschen geben. Dies allerdings war nicht mehr mit der sogenannten »weißen Magie« vereinbar und würde sich unweigerlich früher oder später gegen einen selbst wenden.

Doch Waltraud war reinen Herzens und hatte genug Erfahrung gesammelt. Hier bestand keine Gefahr des Missbrauchs. Dieser Stein würde sich nicht gegen sie wenden müssen.

Jahraus, jahrein verbrachte das Edelstein-Mädchen nun in dieser Region. Patienten kamen und gingen. Ein guter Ruf ließ immer neue Kranke bei ihr erscheinen. Und so kam es, dass eines Tages eine seltsame Frau auf einem Pferd zu ihr kam. Im Arm hielt sie ein krankes Kind.

Waltraud verspürte ein Ziehen in ihrem Bauch, als sie sich des Kindes annahm. Irgendwie vertraut kam es ihr vor, doch sie kannte das kleine Mädchen nicht.

Mit dem Herzen der Kleinen stimmte etwas nicht. Sie griff zum **Rubin** und legte diesen Stein auf das Herz der kleinen Patientin.

Die Mutter war währenddessen ausgesprochen nervös. So bemerkte sie nicht, dass sich der einfache Mantel geöffnet hatte und Waltraud darunter den schönen Brokat der teuren Kleidung erblicken konnte. Die Kapuze hatte das Gesicht der Mutter verdeckt und Waltraud hatte ohnehin nur Augen für das kranke Mädchen gehabt. Nun allerdings kam ihr die Gestalt vertraut vor. Dies war doch ihre Stiefmutter, die ihre Hilfe suchte! Hatte denn keiner der großartigen Ärzte am Hof helfen können?

Waltraud tat, als hätte sie nichts bemerkt, und behandelte ihre Stiefschwester liebevoll weiter. Deshalb also war ihr das Kind so bekannt vorgekommen. Ihr Vater hatte also noch eine Tochter bekommen. So ein reizendes Kind.

Und was sie noch nie gemacht hatte: sie gab den Stein der Mutter mit. Sie solle den Rubin täglich auf das Herz der Kleinen legen. Innerhalb eines Monats würde es ihr besser gehen bis hin zur vollständigen Heilung.

Hintergrund dieser Überlegung war dabei, dass auf diese Weise ein guter Teil der positiven Energie auch auf die Mutter, die Königin, mit übergehen würde.

Als weitere Auflage gab sie der Königin einen kleinen **Chrysokoll** mit. Diesen sollte sie mehrmals täglich in die Hand nehmen und an Liebe denken; anschließend den Stein in einen kleinen roten Becher legen, ihn zur Hälfte mit Wasser füllen und drei Rosen hineinstellen. Wenn die Rosen verblüht waren, so sollte sie diese durch frische Rosen ersetzen.

Die Erklärung über die Wirkung behielt Waltraud für sich. Sie wusste ohnehin, was passieren würde.

Und tatsächlich, mehrere Monate später kamen Gesandte aus dem Schloss, um sie wieder nach Hause zu holen. Sie jedoch lächelte nur und blieb. Der Stein hatte seine volle Wirkung getan. Er hatte wirklich Zorn und Hass in Liebe und Mitgefühl verwandelt. Die seelische Härte der Königin war verwandelt worden.

Der Chrysokoll hatte die reine Liebe angezogen.

Katharinas wichtigste Entscheidung

Vor langer, wirklich langer Zeit, als die Menschen noch stetig mit ihrer Seele kommunizierten, gab es die Wiesen der Seelenpflanzen. Diese Seelenpflanzen waren nicht nur schön anzusehen, nein, sie hatten auch eine Aufgabe. Sie waren für die Menschen da – für deren körperliche und seelische Gesundheit nämlich.

Und es gab die Hüter dieser Wiesen.

Sie hatten die Aufgabe, die gesamte Flora zu hüten und auf sie aufzupassen, dass es immer genügend von ihnen gibt. Und sie nahmen diese Aufgabe sehr ernst und hegten und pflegten alle Gräser, Sträucher, Blumen und Hecken, sprich, alle Pflanzen, wie es ihnen aufgetragen worden war.

Dadurch gab es immer genügend und ausreichend Kräuter auf der Seelenwiese. Selbst wenn an einem Tag fünf Personen gleichzeitig kamen und jeweils die gleiche Pflanze brauchten, es standen immer genügend Gewächse für die Menschen und deren Heilung zur Verfügung.

Die Bewahrer wussten um die Pflanzen-Geister und ihre Aussagen. Diese Beschützer waren dafür da, dieses Wissen als Medizin an die Suchenden und Kranken weiterzugeben.

Meist merkten die Menschen, wenn etwas nicht in Ordnung mit ihnen war. Eine innere Stimme, auf die sie damals noch hörten, wies ihnen den Weg zu den Heilwiesen. Und die Beschützer der Wiesen waren in der Lage, alleine nur durch das Anschauen der Menschen ihnen die richtigen Pflanzen zu ihrer Heilung zu empfehlen.

Nun muss man aber wissen, dass dieses Privileg der Seelenheilung nur ein einziges Mal im Leben wahrgenommen werden durfte. Die Bewahrer und auch die Betroffenen waren sich der besonderen Entscheidung für ihr Leben bewusst; es war eine der wichtigsten, die sie treffen durften.

Und so, wie jeder Mensch ganz einzigartig ist, braucht jeder eine ganz individuelle Medizin. Selbst wenn zwei Menschen die gleiche Heilpflanze empfohlen wurde, gab es eine Vielzahl von Wegen, wie sie diese Pflanzen für sich nutzen konnten.

Die einen brauchten eine Mischung aus mehreren Teilen und es wurde ein Tee daraus gemacht.

Die anderen benötigten lediglich die Stängel und mussten diese verarbeiten, reiben oder stampfen. Für andere reichte mitunter ein einziges Blatt oder der Blütenkelch zur Gesundung.

Auch wurden manche Pflanzenteile getrocknet aufbewahrt. Manchmal reichte es, den betroffenen Personen bereits, die Pflanze zu sehen oder anzufassen.

Es kam auch vor, dass die schönen Blüten getrocknet und gepresst als Amulett getragen wurden. Jeweils so lange, bis die Heilwirkung eintrat.

Allerdings gab es auch Ausnahmen, sehr selten, aber es kam vor, dass die Wächter auf Suchende trafen, die ein besonderes Merkmal trugen. Sie trugen einen für andere unsichtbaren violetten Stern auf der Stirn. Das waren ganz besondere Momente für die Heiler. Hier durften und mussten die Betroffenen selbst zwischen zwei Heilwegen wählen.

Diese Menschen standen an einem Scheideweg und sollten selber entscheiden, welche Richtung sie einschlagen wollten.

Und die Hüter mussten die Wahl der Pflanze dann ganz ihrem Besucher überlassen. Auch wenn die Wahl vielleicht nicht günstig war. Sie mussten die Entscheidung des Hilfesuchenden einfach hinnehmen – durften da nicht eingreifen.

Am Anfang erschien ihnen dies unerträglich, aber mit den Jahren und Jahrzehnten erfassten sie den tieferen Sinn dieser Weisung. Denn auch die Wahl der vermeintlichen falschen Pflanze – und somit eventuell falschen Richtung auf dem Weg zur Genesung – brachte die Menschen seelisch weiter. Mitunter über Umwege, aber immer hilfreich für die Seele.

So geschah es eines Tages, dass eine junge Frau erschien und um Hilfe bat. An ihr erkannten die Aufseher das besondere Merkmal. Sie hatte diesen violetten Stern auf der Stirn, genau über dem sogenannten dritten Auge.

Katharina war eine junge Frau, die es im Leben nicht leicht hatte. Sie hatte von Geburt an eine Hasenscharte. Diese war nicht groß, aber doch sichtbar. Das machte ihr ziemlich zu schaffen. Katharina hatte gehört, dass es auf der Seelenwiese auch Pflanzen für ihre Gesundung geben sollte. Dies wollte sie nun ausprobieren. Hatte sie doch, wenn auch bisher nur aus der Ferne, im Nachbardorf einen jungen Mann gesehen, der ihr sehr gefiel. Bevor sie ihm allerdings näher kommen wollte, sollte ihr Gesicht makellos sein.

Nun stand sie dort, vor den Wächtern und sah diese erwartungsvoll an. Konnte ihr geholfen werden? Würde sie Heilung erfahren dürfen? Die Beschützer wussten die Antwort intuitiv. Es kamen lediglich zwei Pflanzen in die Auswahl. Zum einen eine wunderschön getigerte Blüte und innerhalb kürzester Zeit wäre das Gesicht nicht mehr entstellt, sondern völlig heil.

Oder aber eine ganz andere Hilfestellung: die tiefblaue strahlende Pflanze, *die* Heil-Pflanze schlechthin. Diese würde bewirken, dass Katharina eine Heilerin werden würde. Sie wäre dann in der Lage, Menschen – alleine durch Handauflegen – zu heilen. Eine Hellsichtigkeit würde sich zudem einstellen und Katharina wüsste genau, an welcher körperlichen Krankheit der Patient leidet.

Allerdings – und das war der Preis – würde dies keinen Einfluss auf ihr Gesicht haben. Die Hasenscharte würde für immer bestehen bleiben. Oh, die Hüter hatten schon einige Male Menschen vor dieser oder einer ähnlichen Entscheidung gesehen. Und bisher hatte nur ein einziges Mal ein Mann sich für die Heilkraft entschieden.

Alle anderen hatten die Selbsthilfe gewählt.

Wie würde sich Katharina entscheiden? Die Hüter hatten ihr die Wahl gelassen, ohne sie zu beeinflussen.

Katharina betrachtete indes die Pflanze mit dem Tigermuster ganz genau. Sie ließ sich von den Hütern beschreiben, wie die Pflanze wirkte und wie die Heilung erfolgen würde. Sie hörte aufmerksam zu. Wollte sie doch unbedingt diesen Makel, den sie seit der Geburt so sichtbar mit sich trug, verändern. Es gab keine andere Möglichkeit, denn wirklich nur diese Pflanze konnte dies bewerkstelligen, das war ihr klar. Und wie gerne mochte sie dem jungen Mann gefallen.

Dann wiederholte sie die Fragen bei der strahlend blauen Blume. Auch hier hörte sie genau zu. Die Prozedur war ziemlich aufwendig und musste genau befolgt werden. Sie würde diese Heilkräfte bekommen, aber ihr Gesicht wäre unverändert. Für den Rest des Lebens würde sie die Lippen so tragen müssen wie bisher. Sich selber könnte sie nicht heilen, das wurde ihr unabdingbar klar gemacht.

Die Hüter hatten wenig Hoffnung, dass Katharina sich für den Heilsweg entscheiden würde. Sahen sie doch, wie sie unter der Entstellung im Gesicht litt.

Sie gaben ihr beide Pflanzen mit auf den Weg und Katharina ging wieder in ihr Dorf zurück.

Wieder zu Hause nahm sie die getigerte Pflanze. Sie hatte sich genau die Behandlung gemerkt und setzte diese nun in die Tat um. Sie kochte die Blüten und Stängel, seihte sie ordentlich ab und füllte die entstandene Medizin in ein kleines Fläschchen und stellt es in ein Regal. Ordentlich beschriftete sie diese kleine Phiole, stand davor und bewunderte diese helle glasklare Flüssigkeit.

Dann griff sie ohne zu zögern nach der blauen Pflanze und bearbeitete auch diese nach den Vorgaben der Hüter. Sehr sorgsam beendete sie die Prozedur und stellte auch das Fläschchen erst vor sich hin, dann in die Sonne, um es noch ein wenig von der Sonnenenergie bescheinen zu lassen.

Abends dann nahm sie beide Flaschen in die Hand, die eine rechts und die andere in die linke. Dann setzte sie ohne zu zögern eine Flasche an den Mund und trank den Inhalt bis auf den letzten Tropfen aus.

Am nächsten Tag ging sie ganz entschlossen ins Nachbardorf zu ihrer Cousine und ließ es zu, dass sie dem jungen Mann vorgestellt wurde. Er war begeistert von ihr und ihrer enormen Ausstrahlung. Er sah ihr in die Augen und wusste, er hatte die Frau seines Lebens gefunden! Kurz darauf heiratete sie und bekamen viele Kinder.

Es wurde ein wunderbares Leben mit Katharina, der Heilerin!

Und das Mittel der getigerten Pflanze hatte sie aufbewahrt, bis es der richtige Patient brauchen würde.

Der goldene Handspiegel

Er war Friseur und liebte seinen Beruf sehr. Karl stand gerade wieder hinter einer Kundin, die nun fertig frisiert war. »Total verändern«, hatte sie gesagt, bevor sie kaum richtig Platz genommen hatte.

»Alles neu! Sie können machen, was sie wollen, Karl. Aber weg von dem jetzigen Aussehen.«

Da musste Karl nicht mehr lange nachfragen. Er wusste Bescheid. Wenn eine Kundin mit einem solchen totalen Veränderungswunsch der Frisur kam, dann gab es in ihrem Leben eine große Veränderung! Eine neue Arbeitsstelle vielleicht, die Kinder haben das Haus verlassen oder sie hatte einen neuen Freund?! Wie auch immer, aber die Lebensumstände waren immer um hundertachtzig Grad gedreht – so war seine Erfahrung. Sprich, er hatte im Laufe seines Lebens gelernt, dass es immer ganz radikale Veränderungen im Leben einer Frau waren, die diese dann veranlassten, ihr Haarstyling so komplett verändern und erneuern zu wollen.

Auch diesmal hatte ihn das Gefühl nicht getäuscht. Während seiner Arbeit hatte ihm die Frau ihre neuen Lebensumstände erzählt. Er gab sich wieder viel Mühe, wusste er doch um die Wichtigkeit gerade dieser neuen Frisur. Dann, als er fertig war griff nach dem Handspiegel und zeigte der Kundin, wie die neue Frisur nun nach dem Styling aussah. »Perfekt«, rief sie begeistert aus. »Sie haben sich wieder einmal selbst übertroffen. Vielen lieben Dank.« Sie stand auf, zahlte und verließ glücklich den Laden.

Das war es, was Karl immer wollte. Sich einfühlen in die Frauen, die Wünsche erkennen, damit sie dann zufrieden seinen Laden verlassen konnten und natürlich auch gerne wiederkommen.

Bei dieser Kundin hatte er auf die »normalen« Handspiegel verzichtet. Er hatte seinen besonderen, den goldenen Handspiegel wieder einmal eingesetzt. Dies hatte ihm sein Gefühl geraten – völlig zu Recht. Sorgfältig reinigte er ihn und legte ihn wieder in die mit Samt ausgeschlagene Schatulle.

»Ja, der goldene Handspiegel«, sinnierte er vor sich hin. Dieses tolle Stück hatte er von der Ur-Großmutter über die Oma und Mutter vererbt bekommen. Herrlich, einfach schön gearbeitet. Gut in der Hand zu halten. Außerdem war er aus echtem Silber und dann mit Gold veredelt. Auf der Rückseite gab es kunstvolle Fantasiemuster, die zuerst aus dem Silber getrieben, später dann vergoldet worden waren. Da musste wirklich ein Meister mit viel Liebe am Werk gewesen sein. Es war ein vollkommenes Stück.

Es hatte Jahre gebraucht, bis Karl verstanden hatte, was es *noch* mit dem Spiegel auf sich hatte. Ein Geheimnis war in dem Spiegel verborgen. Wie auch immer es in den Spiegel hineingekommen war. Er wusste es nicht, konnte es noch nicht einmal erahnen.

Was er mitbekommen hatte, war: Wenn er ihn in der Hand hielt, um den Kundinnen die neue Kreation der Frisur zu zeigen, so waren diese danach total verändert. Aber immer in einer guter und bester Weise.

Sie konnten noch so glücklich sein, danach waren sie *noch* glücklicher. Oder wenn jemand traurig gewesen war, nach dem Blick in den Spiegel war dies wie weggeblasen. Immer veränderte sich der Mensch positiv.

Es war erstaunlich. Wie gesagt, am Anfang war ihm das gar nicht so bewusst gewesen. Erst mit der Zeit hatte er dies zuerst vermutet. Dann immer wieder ausprobiert und dann die Feststellung getroffen, es *ist* irgendein Geheimnis in dem Spiegel.

Das wollte er ergründen – selbst lösen. Was war es genau, was dieses veränderte Verhalten auslöste? Hatte er selbst die Hände mit im Spiel? Oder lag es am Spiegel allein?

In der Vergangenheit hatte er viel versucht. Er hat den Schliff des Glases besonders unter die Lupe genommen und untersuchen lassen, aber nichts wurde entdeckt.

Er ließ den Silbergehalt prüfen, aber auch da fand er nichts Außergewöhnliches. An der Vergoldung schien es auch nicht zu liegen.

Schlussendlich war es ein Zufall, der ihm weitergeholfen hatte. Eines Tages hatte er in seiner Familienchronik geforscht. Und da wurde er zu seiner Überraschung fündig.

Tatsächlich war dies ein ganz alter Spiegel. Älter, als er je gedacht hatte. Dieses Stück hatte einmal einer Prinzessin gehört. Prinzessin Eleonore, die ungemein beliebt gewesen war. Sie war nicht nur ausnehmend hübsch, sie war auch eine sehr gerechte Person gewesen. Sie wurde von ihren Untertanen sehr geliebt und verehrt.

Aber was hatte das mit diesem Spiegel zu tun?

Ein kleines Büchlein, welches er ganz verstaubt auf dem Speicher neben ebendieser Chronik gefunden hatte, gab ihm nun die Lösung preis.

Ja, dieser Spiegel war der Prinzessin Eleonore zur Geburt geschenkt worden. Und es war nicht irgendein Geschenk, nicht von irgendeiner Tante oder Oma. Es war das Geschenk einer Fee gewesen. Eine Fee, die diesem Spiegel eine besondere Gabe mitgegeben hatte. Als dieser Spiegel von den Wichteln hergestellt wurde, haben sie etwas Wichtiges mit eingearbeitet. Das Wort »Zuversicht«.

Und jeder, der in diesen Spiegel blickt, bekommt im selben Moment ein Geschenk, nämlich …

Zuversicht

Danksagung

Was schreiben denn Autoren so in ihren Dankesworten? Das herauszufinden fand ich schon immer spannend.

Mein Dank gilt eindeutig meinem Ehemann. Er stärkt mir den Rücken und steht mir mit seinem Motto: »In der Ruhe liegt die Kraft« bei. Das tut unendlich gut.

Und auch bei mir gibt es Freundschaften, die mir helfen. Danke also erneut an die Familie von Damaris Walter. Das Cover ist, wie schon beim ersten Buch »Die Drachenbrosche«, von ihr gestaltet.

Ebenfalls ist Ursel Kiening wieder dabei. Sie korrigiert mit viel Fleiß und gewissenhaft meine Märchen und Geschichten.

Auch hilfreich war es, dass Christine Franke mit viel Engagement das Geschriebene gelesen und korrigiert hat.

In diesem Buch gibt es wunderschöne Zeichnungen. Frau Christina Leonhart und ich sind uns begegnet und wir stellten Gemeinsamkeiten fest. Ich wünschte mir Zeichnungen für mein Buch – sie wollte schon immer mal ein Märchenbuch illustrieren – das Ergebnis ist gelungen – urteilen Sie selbst.

Danke euch allen. Es ist toll, solche Menschen im Umfeld zu haben!

Angelika Frikell, geboren und aufgewachsen in Berlin. Von 2001 bis 2015 wohnte sie mit ihrem Mann und Katzen in Bayern, nun leben sie in Nordrhein-Westfalen.

Sie arbeitete über zwölf Jahre im Dekanat der Fakultät für Maschinenwesen an der Technischen Universität München mit Standort in Garching.

Ehrenamtlich ist sie beim Bayerischen Roten Kreuz als Kriseninterventionshelfer tätig. Sie wird zu Menschen gerufen, die ein schweres Ereignis zu bewältigen haben.
Auf diese Tätigkeit aufbauend ist sie Ausbilderin geworden und bildet Helfer für den Kriseninterventionsdienst, die sogenannte Psychosoziale Notfall-Nachsorge, aus.

Wie man mit Hinterbliebenen und Betroffenen in der Zeit der Trauer umgeht, vermittelt sie zudem in Seminaren und Vorträgen.

Als Ausgleich zu dieser schweren Arbeit schreibt sie Geschichten, Episoden und Märchen. Sie veröffentlicht diese in regionalen Zeitungen und hält ebenfalls regelmäßig Lesungen ab. Ihr erstes Märchenbuch mit dem Titel »Die Drachenbrosche« erschien im September 2014.

Christina Leonhart (Illustration) lebt mit ihrer Familie in Pfaffenhofen an der Ilm. Seit dem Studienabschluss (mit Auszeichnung) zur »Bildenden Künstlerin« an der Akademie Faber-Castell, widmet sie sich mit viel Engagement der Kinder- und Erwachsenenbildung.
Ihre Mal- und Zeichenkurse an der VHS und im eigenen Atelier erfreuen sich seit knapp einem Jahrzehnt großer Beliebtheit. (Info: christina-leonhart@pfaffenhofen.de)